IDEOLOGIA:
uma para viver

IDEOLOGIA: uma para viver

As teorias que orientam o pensamento político atual

Organização: Juliana Fratini

MATRIX

Direitos em língua portuguesa para o Brasil:
Matrix Editora
www.matrixeditora.com.br
/MatrixEditora | @matrixeditora | /matrixeditora

Diretor editorial
Paulo Tadeu

Capa, projeto gráfico e diagramação
Patricia Delgado da Costa

Revisão
Adriana Wrege
Silvia Parollo

CIP-BRASIL - CATALOGAÇÃO NA PUBLICAÇÃO
SINDICATO NACIONAL DOS EDITORES DE LIVROS, RJ

Fratini, Juliana
Ideologia: uma para viver / Juliana Fratini. - 1. ed. - São Paulo: Matrix, 2022.
232 p.; 23 cm.

ISBN 978-65-5616-252-2

1. Ciência política - Brasil. 2. Direita e esquerda (Ciência política) - Brasil. 3. Ideologia -Brasil.
4. Redes sociais on-line - Aspectos políticos. 5. Oposição (Ciência política). I. Título.

22-78562

CDD: 320.50981
CDU: 323.2(81)

Meri Gleice Rodrigues de Souza - Bibliotecária - CRB-7/6439

Sumário

Introdução

Juliana Fratini*

Todos os dias, os brasileiros são instigados a pensar, sentir e comentar percepções sobre a política atual. Se expressar as percepções pessoais se restringiam, outrora, a núcleos familiares, profissionais, de amigos ou de estudos muito específicos, hoje, numa sociedade hiperconectada, em que a maior parte das pessoas se relaciona com diversas outras por meio de diferentes plataformas digitais, emitir a opinião de agrado ou desagrado se tornou ação muito mais fácil e dinâmica. É de conhecimento comum, porém, que redes sociais, como WhatsApp e Telegram, quase nunca possuem filtro para as informações políticas. Não obstante, para além das informações que circulam na internet, veículos de comunicação tradicionais, como TV, rádio, jornais e revistas, que atuam geralmente com ocorrências factíveis (aquelas comprováveis), são produtores de conteúdo que também contribuem para formar a opinião pública. O sujeito do século XXI, definitivamente, passa por um bombardeio informacional sem muitas vezes ter o conhecimento adequado a

* Juliana Fratini é cientista política, mestre e doutoranda pela PUC-SP. Especialista em Globalização e Cultura pela FESP-SP. Atua com comunicação política e eleições. É membro-conselheira da Associação Brasileira de Pesquisadores Eleitorais (Abrapel).

respeito do que significam as palavras ditas (ou escritas), muito embora essas palavras sirvam para formar um determinado pensamento, de modo a convencer as pessoas sobre, supostamente, o que é bom ou não e o que "presta ou não presta", politicamente falando. Nesse contexto, são as ideologias os conceitos com maior capacidade de influenciar pessoas, orientar, valorizar ou desacreditar ações políticas – estas, por sua vez, encontradas de modo literal ou sutil em todos os meios de comunicação com o propósito básico de (des)informar e influenciar pessoas.

Muito embora os cidadãos sejam dotados de direitos para a liberdade de pensamento e livre associação, o mais adequado é que estejam bem-informados sobre o que consomem e o conteúdo que produzem, a fim de haver clareza de propósitos, aumentar a capacidade analítica e estratégica para viabilizar ações por meio da expressão de ideias e ideais, evitar a produção de fake news, o assassinato de reputações e a desestabilização de bons governos e regimes democráticos. Ou seja, quanto mais bem-informados sobre o que significam e como operam as ideologias, maior será a assertividade de ações políticas pessoais e também coletivas dos sujeitos; isso porque eles próprios se tornam filtros independentes e autônomos das informações que recebem e propagam de/em diferentes canais.

Apesar de todas as facilidades para se comunicar, as pessoas sabem realmente o que estão lendo, escutando ou dizendo sobre a política? O que significa "democracia", "fascismo", "direita", "esquerda", "populismo", "socialismo", "comunismo", "neoliberalismo"? Esses são temas a serem apresentados nesta obra por especialistas sobre os assuntos. Ao explicar o que cada conceito significa, os autores dão o "tom" de como influenciam a formação do pensamento político contemporâneo e algumas de suas consequências. Esta não é, portanto, uma obra com pretensão de convencimento a respeito de uma ideologia (ou corrente de pensamento), de dizer que uma é melhor que outra, mas sim um meio para esclarecer espectros ideológicos que possam contribuir para que as pessoas de fato escolham com razão e emoção aquele de que sintam fazer parte – e para que desenvolvam seu pensamento crítico.

Os especialistas são estudiosos, professores, pesquisadores e profissionais altamente qualificados em suas respectivas áreas de atuação, que há alguns anos se dedicam a compreender os temas aqui abordados, bem como os fenômenos políticos e sociais correlatos. Decerto que a Ciência Política é a área do saber que comporta tais explicações, possui uma série de nuances e sempre conta com o imprevisível (dado que o comportamento humano, no sentido de acreditar em ideias e fazer escolhas, de um modo geral, depende de uma série de fatores e pode se alterar com o tempo). Além disso, é a que dispõe de mais recursos e conhecimento acumulado para fornecer as explicações que aqui buscamos. As referências bibliográficas utilizadas são quase todas da Ciência Política, conforme expõem os autores. Uma vez que utilizam textos clássicos e mais contemporâneos como base para as explicações apresentadas, nesta introdução será demonstrado o caminho escolhido para a organização da obra, com o propósito exclusivo de facilitar a sua leitura e a sua compreensão.

A obra conjunta está organizada em duas partes, sendo a Parte 1 relativa à contextualização das ideologias no tempo e à formação do pensamento ideológico; como as ideologias interferem em regimes e sistemas políticos – sobretudo democráticos; a orientação de partidos e eleitorado. Não menos importante é a explicação sobre como os conteúdos são disseminados, tanto pela imprensa quanto por meio de redes sociais desreguladas, geralmente por políticos carismáticos e populistas, que utilizam retóricas muitas vezes depreciativas para se conectar com o eleitor, visando, desse modo, enaltecer o seu próprio conjunto de valores e crenças e deslegitimar valores e crenças de adversários e mesmo de pessoas comuns.

A Parte 2 é a que se aprofunda no surgimento e nos significados das correntes ideológicas mais discutidas na atualidade: Nova Direita; Marxismo; Socialismo/Comunismo; Esquerda; Neoliberalismo; e o Combate à Corrupção como Ideologia.

Interesses econômicos e vinculados a tentativas de poder sempre permearam a discussão política e a manipulação ideológica, de modo que esses fatores parecem inerentes ao discurso político. Essa operacionalização de ideias e ideais visando um determinado poder que afeta diretamente o cotidiano das pessoas, por meio da utilização de recursos tecnológicos, será mais bem explicada no texto de Rafael de Paula Aguiar Araújo, que trata sobre *Tecnologia e a ideologia do capital*, em que o autor discorre sobre o processo de desenvolvimento da racionalização das ideias ante os modelos "mágicos" ou pautados em ideias míticas e/ou religiosas. Outro ponto que o autor aborda é o entendimento sobre a vida e as escolhas que são feitas a partir de demandas do mundo contemporâneo com base na ideia de progresso econômico, que exige determinadas condutas para a subsistência ante os desejos que seriam naturais dos seres humanos.

Mas como fazer essas escolhas de modo positivo quando vivemos em uma sociedade hiperconectada, na qual "informações falsas disputam espaço com as verdadeiras"? É o que trata Fabrício Amorim no artigo *Desinformação como instrumento do autoritarismo e dieta informacional no campo ideológico*. É sobretudo no ambiente da internet que a informação se propaga com força e por meio de diferentes rotas, como sugere o pesquisador: "Nesse fluxo informacional contínuo, explodem ocorrências nos números de mensagens, vídeos, áudios, *memes*, *podcasts* e comentários nas redes sociais que, em excesso, confundem". O alto fluxo de desinformação é alimentado pelas notícias falsas, as *fake news*, sobretudo no campo político, colocando em xeque toda a organização política vigente. Nesse sentido, não se trata apenas de criticar problemas relativos à democracia, mas de desacreditá-la. Amorim ainda mostra de que maneira o jornalismo e instituições de mídia têm atuado para contribuir com a redução das informações falsas e como a sociedade pode proceder no sentido de não disseminá-las.

De modo mais abrangente, ao refletirmos sobre perspectivas ideológicas na América Latina, essa temática nos interessa especialmente porque o Brasil é o maior país que constitui esse bloco, e o fato é que muitos países e sociedades latinas foram marcadas pelo colonialismo, por práticas extrativistas e pela cultura escravagista, fomentadoras de desigualdades e pobreza territorial. No artigo *Existe um pensamento latino-americano?*, Wagner Iglecias trata das complexidades a respeito da formação do pensamento latino-americano, destacando autores que, a seu tempo, escreveram sobre a libertação dos povos latinos e indicaram meios de formalizar regimes políticos que hoje entendemos serem mais democráticos, instituições e meios de o Estado assegurar condições e serviços essenciais para a subsistência dos povos.

Durante o século XX, quando países latinos passavam por amplo processo de urbanização e industrialização, a retórica política que estimulava mentes e ações contra as velhas estruturas políticas não tratava mais sobre o fim do colonialismo, mas sim de atender anseios de camadas urbanas populares, que lutavam por melhores condições de vida, o que englobava melhores salários e condições de trabalho, moradia e saúde, por exemplo. Tais demandas refletiam valores como construto de modelo social a ser desenvolvido. A intenção era de que a política deveria servir ao social, e, para tais fins, sujeitos passaram a se organizar por meio de instituições que pudessem representar os seus anseios de desenvolvimento. Por meio da elaboração de constituições, direitos passaram a ser auferidos para determinados grupos de modo que pudessem representar demandas populares.

Decerto que cada país latino passou por processos específicos para alcançar a emancipação, e, no caso do Brasil, depois de se tornar um país independente do colonizador, ter uma monarquia e se estabelecer como república, hoje é um país considerado democrático. Para explicar do que se trata esse regime, Vera e Miguel Chaia apresentam o artigo *Democracia: das origens à contemporaneidade.*

Enquanto um ideal de três milênios, a democracia é, essencialmente, um regime que visa a melhor organização da pólis (das cidades), a fim de que a sociabilidade se torne possível e salutar por meio da preservação das liberdades e também por meio de regras, valorização do conhecimento, respeito aos ideais, manutenção da ética, garantia de direitos e certo equilíbrio econômico-social. Tudo isso, é claro, por meio de aparatos institucionais que possam equilibrar o poder advindo de vários grupos de interesse que se estabelecem e vivem nessa pólis. Dado que a política se faz por meio de conflitos e acordos, sob ameaça de ações e poderes abusivos, as democracias podem sucumbir e ter seu lugar político ocupado por regimes autocráticos, autoritários ou totalitários.

A respeito dos partidos, eles foram as instituições políticas por excelência a expressar valores sociais diversos, bem como a manutenção de referenciais ideológicos visando a elaboração de determinadas políticas entre os séculos XIX e XX. Nessa ocasião, é suposto que cada eleitor que possui direito de escolha do voto definirá, em pleitos eleitorais, aqueles que representem melhor os seus anseios. O especialista a tratar sobre os partidos é José Paulo Martins Júnior, no texto *Partidos e ideologia na política brasileira*. Já na abertura, Martins Júnior chama a atenção para o fato de que a disputa política é marcada por dualidades, e "os adversários utilizam os termos das dicotomias para enaltecer características positivas de seu polo e criticar as características negativas do polo oposto", prática muito utilizada desde o século XIX. As noções de "direita e esquerda", surgidas no final do século XVIII, durante a Revolução Francesa, estão longe de ter sido superadas. Na realidade, são conceitos dinâmicos e não "imutáveis". Mais especificamente, o que distinguirá uma posição da outra é como cada uma percebe a igualdade e quem deve ter acesso *a que* e *como* a partir de direitos e políticas públicas sem que liberdades sejam feridas.

Duas importantes marcações a respeito da noção de direita e esquerda no século XX têm relação com os períodos de guerra. Após a Primeira Guerra Mundial, o mundo se dividiu em três correntes principais, que são o comunismo, o liberalismo e o fascismo, que podem ser compreendidos como posições de esquerda, centro e direita – além dessas, cabe destacar os extremos de cada espectro, como extrema esquerda e extrema direita, por exemplo, que se configuram de maneiras específicas.

Com a derrota do fascismo pelo que seriam as correntes de esquerda e centro, durante a Segunda Guerra Mundial, instaura-se a Guerra Fria, um contexto de disputa de poder entre as correntes de esquerda (vinculadas ao comunismo e ao socialismo) e as de centro (vinculadas ao liberalismo), de modo que "a ameaça comunista levou os países a criar um extenso Estado de bem-estar social, no qual as famílias trabalhadoras, além do direito de voto, conquistaram uma série de direitos sociais, como saúde, educação, salário mínimo e sindicalização", de acordo com o especialista. Mais para o final do século XX, alterações nas dinâmicas de poder e pensamento vão se configurando novamente, de modo que, mais uma vez, passa a haver um realinhamento de expectativas das populações e o posicionamento dos partidos e dos políticos. O especialista também demonstra de que maneira isso ocorre.

Helcimara Telles e Carlos Freitas apresentam o capítulo *As ideologias ainda fazem sentido? Uma proposta de classificação dos partidos brasileiros,* no qual discutem, entre outras coisas, os agrupamentos ideológicos e as respectivas forças resultantes das últimas eleições municipais. Com base na literatura da Ciência Política e em pesquisas, os autores compreendem que a classificação dos partidos como sendo de direita ou de esquerda coincide com o autoposicionamento dos políticos na mesma escala, de modo que "a ideologia também é capaz de esclarecer o comportamento parlamentar em determinados períodos", conforme mencionam. Não obstante, a congruência de pensamento e intenção de voto também é perceptível no Parlamento em determinados períodos, de modo que isso nos faz refletir no seguinte: ainda que exista um apelo dos políticos em lançar candidaturas personalistas, ao menos no Parlamento existe uma pressão para que votem de acordo com os ideais do grupo partidário.

Nessa linha, a definição de "centro" seria a mais complexa de se averiguar, dada a sua capacidade de mutação e integração a um dos outros dois espectros ideológicos em diferentes circunstâncias, a fim de "produzir respostas pragmáticas aos problemas da sociedade, de acordo com as demandas conjunturais". Finalmente, por meio de análise de dados, os autores identificaram uma tendência de crescimento de partidos de direita nas gestões municipais.

Se, como vimos, a democracia possui diversas nuances, talvez seja a *social-democracia* o modelo que melhor articula perspectivas e valores de esquerda, centro e até de parte da direita, quando esta demonstra a intenção de fortalecer políticas públicas sociais. Depois da Segunda Guerra Mundial, quando os países europeus estavam devastados, a ideia de construir um Estado de bem-estar social se mostrava muito necessária, conforme explica André Pereira César em *Sobre a social-democracia,* de modo que o Estado passa a fazer intervenções econômicas que contribuam com o melhor desempenho material da sociedade.

No artigo *Discurso político e populismo: caso governo Bolsonaro,* Rodrigo Augusto Prando traça um panorama a respeito de como as lideranças buscam estabelecer vantagens em disputas por meio dos conteúdos que comunicam que tanto podem ser agregadores e capazes de estabelecer acordos, quanto belicosos e desestruturadores, no sentido de ameaçar o sistema político – desestabilizando, assim, o próprio regime democrático. A fim de que seus discursos sejam observados, os postulantes a cargos públicos podem, portanto, seguir um *script* discursivo no qual apontam a existência de uma desordem social, a origem do mal e a solução salvadora, de modo que os adversários não são retratados como "adversários", e sim como "inimigos".

A começar pelas explicações sobre a nova direita, que tanto desperta curiosidade no cenário político atual: Clayson Felizola, em *A nova direita brasileira*, explica que esse agrupamento possui diferentes nuances adaptadas de conceitos originários do século XVIII "e se distingue em pontos que se agrupam, como no discurso anticomunismo/antissocialismo, e quase se opõem, como na diferença entre discursos conservadores e os de vertente liberal". Mas isso não é tudo. Com base em estudos contemporâneos, Felizola identifica como expressão geral desses grupos um pensamento e um modo conservador de proceder e entende que é na teoria situacional de Huntington que o conservadorismo brasileiro se encontra "quase sem conflitos [...], especialmente por ela [a teoria] abarcar com mais abrangência o que se entende por neoconservadorismo [...] apresenta um fundamento básico da Nova Direita que é o combate ideológico e social, advindo de uma necessidade imposta pelos perigos e ameaças às instituições".

No artigo *A relevância do marxismo e a crítica vulgarizada das direitas*, Francisco Fonseca expõe de que maneira os teóricos Marx e Engels desenvolveram "novos marcos analíticos para a compreensão da história da civilização, assim como elaboraram um profundo, inédito e ainda contemporâneo diagnóstico das sociedades capitalistas" – o que, na contemporaneidade, vem sendo chamado de "marxismo cultural" pelos detratores do pensamento marxista. Especificamente em relação ao aspecto cultural, em contraposição às teses clássicas de direita (não da Nova Direita, que possui teses pouco sofisticadas, que beiram o simplismo), o marxismo não trata de uma "estatização da vida", que "[...] mobilize temas tipicamente individuais e privados como bandeiras políticas, dando-lhes caráter supostamente 'público'". Essa diferença entre o marxismo real e o imaginário (considerado desregrado e anômico), por si só tende a criar a falsa ideia de que o marxismo é uma corrente que estimula um estilo de vida "corrompido", à luz dos valores burgueses, quando, na realidade, tem como referência o desenvolvimento material atrelado ao desenvolvimento da condição humana em sua acepção mais ampla. Pela crítica marxista apresentada por Fonseca, é a própria direita conservadora, aliada ao grande capital, a responsável por organizar a "luta de classes", dado que atua de modo a configurar como inimigos todos aqueles que operam fora do sistema como classes não abastadas (ou burguesas).

Como se o marxismo não gerasse dúvidas e divergências o suficiente, as ideias de socialismo e comunismo são capazes de provocar verdadeiras guerras, literalmente. "O socialismo é visto como bicho-papão pronto para roubar a autonomia dos indivíduos e, ao mesmo tempo, como momento da história em que estariam resolvidos todos os problemas que oprimem a humanidade." Ademais, "ser socialista seria um pecado venial, algo que se perdoa e tolera, ao passo que ser comunista seria um pecado mortal, imperdoável". Quem explica esses conceitos é Marco Aurélio Nogueira, no artigo *Socialismo, comunismo*. Bastante difundidos, os conceitos de socialismo e comunismo assimilam lógicas diversas, embora sempre ligadas à esquerda.

O resultado da combinação marxismo, socialismo e comunismo é o que podemos compreender como forças motrizes e originárias do que se entende por esquerda na atualidade. E, para explicar *O que é esquerda?*, quem escreve é Claudio Gonçalves Couto, que propõe a contraposição do conceito enquanto força política em relação à força política de direita.

Pela lógica, também organiza-se o sistema partidário ao longo da dimensão esquerda-direita, o que facilita muito a escolha do eleitor a partir de suas expectativas e valores. Porém, haja vista que em certas circunstâncias os eleitores possuem perspectivas mais pragmáticas e menos ideais, mediante a estratégia de tomada de poder pelas vias liberais constituídas, partidos com espectros ideológicos mais bem definidos atenuaram a sua maneira de expor a defesa de interesses por meio de discursos e propostas menos extremistas, de modo a contribuir com o desenvolvimento de correntes para além dos conceituais binários – a partir da criação da ideia de centro-esquerda e centro-direita, por exemplo.

Na linha de discussão dos ideais econômicos, Christian Edward Cyril Lynch tratará sobre o *Neoliberalismo*, modelo praticamente homônimo da ideia "liberal", mas muito diferente na expressão de valores, conforme será demonstrado pelo autor. Como vimos, o liberalismo, ao ocupar parcialmente um espectro de "centro", possui princípios humanos e políticos de desenvolvimento, como sociedade mais livre e justa (em alguns sentidos), sendo uma corrente capaz de se aliar a qualquer espectro ideológico a partir de determinados contextos – embora esteja em contraposição direta (em muitos aspectos) com o princípio de igualdade e totalmente em contraposição com a justiça social conclamada pela esquerda quando se trata da exclusão da propriedade privada. O neoliberalismo, por sua vez, não tem nenhum apego a ideais humanos ou políticos, depositando toda a confiança no desenvolvimento do mercado e do capital como modelo de desenvolvimento da sociedade. Não obstante, "escolas de pensamento" neoliberais estão muito ligadas a perspectivas conservadoras. "O neoliberalismo é uma doutrina política cuja base não é o liberalismo político, mas o liberalismo econômico. Trata-se formalmente de um híbrido de liberalismo e conservadorismo, porque, "se apresenta características liberais, como o individualismo, por outro lado eleva o mercado à condição de organizador derradeiro da vida social, intangível porque produto de forças extra-humanas". O neoliberalismo é, contudo, aquele que de fato é antipolítico, sendo os seus principais inimigos discursivos o socialismo, a burocracia, o nacionalismo industrialista e os intelectuais. Ou seja, uma ideologia desprovida de qualquer tipo de filosofia humanista, cultural e política, mas fortemente reproduzida por lideranças conservadoras populistas, inimigas do Estado e do sistema político.

Por fim, o único elemento comum no discurso entre extremistas e não extremistas, recorrente na grande imprensa, nas redes sociais e com grande apelo entre as produções acadêmicas, é o combate à corrupção, que se tornou, praticamente, uma ideologia à parte para simpatizantes de correntes ideológicas diversas. De um modo geral, entre os argumentos existentes capazes de depreciar a política, a corrupção é aquele que parece ter vida própria, por parecer intrínseca ao próprio sistema político, de modo que todos pretendem mudar essa condição. "Corrupção não só faz parte do imaginário de qualquer brasileiro, como possui impacto direto em sua qualidade de vida, além de aumentar a sensação de injustiça, levando ao descrédito das instituições democráticas, que possuem equidade como princípio". Fernando Miramontes Forattini é quem trata aqui dessa temática, por meio do artigo *O combate à corrupção como ideologia e sua influência eleitoral*.

Em linhas gerais, práticas corruptas e enganos discursivos são problemas presentes em todos os espectros políticos, obrigando o eleitor a sempre buscar mais conhecimento e a se informar melhor para não ser enganado. Pessoas com mais conhecimento podem, muitas vezes, gozar de certos benefícios trazidos pela ampliação da capacidade crítica. Enquanto um desses benefícios ocorre no campo privado, tornando essa pessoa mais interessante, no campo social fará com que ela contribua para o fortalecimento da democracia, que é, até o presente momento, o regime mais capaz de respeitar liberdades, diferenças, contribuir com o desenvolvimento econômico e promover justiça social. Esperamos que os artigos aqui expostos contribuam com todos os ganhos que o (e)leitor poderá obter.

PARTE 1

Tecnologia e a ideologia do capital

Rafael de Paula Aguiar Araújo*

Jürgen Habermas, em um texto de 1968, *Técnica e ciência como ideologia*, avalia a forma como o avanço da racionalização constrói uma nova maneira de enxergar e lidar com o mundo. Esse processo de racionalização viria junto com um desencantamento do mundo, um gradativo abandono do animismo, de uma visão mítica sobre a existência e a consequente aplicação do cálculo, da matemática, a situações corriqueiras que envolvem a sociedade e suas instituições. A racionalização do mundo está diretamente relacionada aos impactos do mercantilismo e da revolução industrial, que resultaram em profundas mudanças sociais e culturais. Conforme a produção, o comércio e o consumo se desenvolveram, vimos um

* Rafael de Paula Aguiar Araújo é bacharel em Ciências Sociais pela PUC-SP e em Filosofia pela USP. É pós-doutor em Comunicação pela Universidade de Lisboa e em Educação pela UFSCar e pela PUC-SP. Atualmente é coordenador do ensino médio do Colégio São Luís, diretor editorial da *Revista Aurora*, pesquisador do Núcleo de Estudos em Arte, Mídia e Política (Neamp) e professor do Programa de Ciências Sociais da PUC-SP. Publicou *A experiência do horror: arte, pensamento e política*.

gradativo fluxo migratório para as cidades e um intenso processo de urbanização. A presença da tecnologia no dia a dia das sociedades passou a ficar evidente, exercendo um impacto direto sobre a forma como os seres humanos vivem.

Esse processo não foi simples. O crescimento das metrópoles não foi orgânico a ponto de conter todos os problemas sociais decorrentes dele. O aumento da população não veio com equivalente estruturação das cidades, que passou a requisitar o desenvolvimento de políticas públicas, constitutivas, regulatórias e distributivas, capazes de equacionar o desequilíbrio cada vez maior entre o homem e a natureza e, de forma cada vez mais profunda, entre os grupos sociais. Para além das instituições sociais que se erigiram para sustentar a pacificação entre as classes, uma *racionalidade formal* passou a se desenvolver no sistema econômico e jurídico, com uma burocracia e hierarquia capazes de controlar fluxos e comportamentos. A racionalidade também passou a orientar valores, que antes decorriam apenas dos sistemas religiosos e resultaram naquilo que Max Weber chamou de *ação social*, demonstrando a intencionalidade dos sujeitos. A ação social será descrita por Weber de acordo com essa intenção, podendo ter uma finalidade clara, quando a racionalidade é aplicada com vistas a atingir um objetivo, mas também com a finalidade de responder a sentimentos e aos valores tradicionais, ainda presentes nos hábitos das pessoas.

O avanço da racionalidade passou, portanto, a contaminar valores tradicionais e religiosos, fenômeno que o autor chamou de "desencantamento do mundo", quando os costumes tradicionais, ancorados na moralidade religiosa ou em pensamentos mágicos, passaram a ser substituídos pelo cálculo da razão instrumental. É nesse sentido que Habermas entende que a racionalização promoverá um avanço técnico que se confunde com a ideologia. O uso instrumental da razão tornou-se tão intenso e constitutivo nas sociedades ocidentais que se fundiu à própria forma de ver o mundo. Valores tradicionais, antes assimilados como sabedoria, foram consubstanciados ao senso comum. E, uma vez firmada a relação hierárquica entre o saber popular e o saber científico, vimos a consequente ordenação social acompanhar esse fenômeno. Trata-se, portanto, de reconhecer que a naturalização da racionalidade, no saber científico e tecnológico, condicionou valores e papéis sociais e construiu um caminho a ser pavimentado. Visto que o capitalismo se impõe como um sistema abrangente, seguir arquitetando esse percurso é um sintoma da presença ideológica.

A técnica é desenvolvida a partir de necessidades humanas. Na modernidade, essas necessidades passaram a se caracterizar pela formação do sistema capitalista, que implicou não apenas um modo de produção e circulação de mercadorias, mas também uma perspectiva de mundo, um modo de proceder e agir com novos valores capazes de alterar o centro gravitacional da vida para o capital. Se o advento da modernidade foi palco para o humanismo, quando o homem passou a ser o centro do universo e a medida de todas as coisas, o processo de racionalização que se acentuou com a industrialização foi capaz de substituir o homem pelo capital.

O que Habermas chamou de "mundo do sistema" compreende todo esse processo de formação do capitalismo, com os valores e as instituições construídas pela racionalidade instrumental, pela burocracia e demais instituições de controle. Ocorre que esse processo de amadurecimento do mundo do sistema avançou com um processo violento de colonização daquilo que o autor chamou de "mundo da vida". Nessa perspectiva, o autor descreve que o mundo do trabalho, da economia e da administração pública subjuga as relações sociais, caracterizadas por percepções e interpretações não problematizadas sobre o mundo. O mundo da vida é caracterizado por experiências e vivências, ações não racionalizadas e valores comuns, que historicamente foram capazes de dar conta da organização social. Na medida em que as sociedades foram presenciando a complexidade dos desafios de viver juntos, pela presença impositiva da metrópole e da indústria, a racionalização foi penetrando a existência. Habermas descreve esse processo como uma *colonização*, porque são subjugados não apenas os processos funcionais que resultaram nas políticas de controle de produção, bem como de fluxos de pessoas e mercadorias, mas também pela racionalização comunicativa de elementos da cultura, tais como os valores familiares, a religiosidade, a arte e a ciência.

Ao usar o termo "colonização" para adjetivar todo esse processo de racionalização, fica mais fácil compreender a relação existente entre o desenvolvimento da técnica e da ideologia. Ora, se essa relação existe, é porque a ideologia que se molda ao longo do desenvolvimento do capitalismo aponta para novos valores, que hipervalorizam a produção e o consumo e a consequente obtenção do lucro. O amadurecimento dos meios produtivos ocorre em função do desenvolvimento tecnológico, e vemos uma forte inclinação da ciência direcionar-se para a solução de problemas relacionados às metas de crescimento econômico e de manutenção do capital. Garantir o maior lucro possível e evitar as crises que impedem o crescimento econômico passam a ser tarefas prioritárias.

Os cidadãos, por sua vez, antes de se preocuparem com a vida e com todos os aspectos que resultam nas interações sociais, individualizam-se e se entrelaçam ao capital. Essa ideologia colocará o trabalho como centro da existência, fazendo com que o ócio e o lazer existam apenas na periferia da vida. No centro da vida, aplica-se a razão instrumental, a tecnologia, a ciência; nas margens da vida, ainda subsiste um espaço para o animismo, um certo misticismo e pensamento fantástico, capaz da ficção, do encantamento, da fé. Nesses extremos, ainda são aceitas as superstições e ações instintivas, mas não sem o julgamento e a classificação como infantilidade.

A ideologia do progresso tratou de firmar o parâmetro a partir do qual toda a existência será classificada de forma a garantir que o caminho aberto pelo comércio e pela indústria na aurora da modernidade seja trilhado sem desvios. Essa arquitetura foi tão sofisticada que deu conta de revestir as consciências a ponto de os homens confundirem as escolhas da modernidade com sua natureza. Hoje não é preciso esforço para encontrar discursos que naturalizem o comportamento competitivo e agressivo do ser humano, que indiquem o capitalismo como um destino indelével, como se toda a existência da humanidade que precedeu a modernidade ocidental tivesse sido uma longa maturação, uma existência selvagem e equívoca que desembocou na atualização de nossas potências: uma multidão alienada vivendo apática e contribuindo para a realização do lucro de alguns poucos. Essa visão é francamente etnocêntrica. Mais do que isso, é a comprovação daquilo que Habermas e Marcuse indicam como uma confusão entre a técnica e a ideologia.

Todo universo discursivo irá corroborar essa ética produtiva. Por um lado, o fetiche pelo consumo, as benesses trazidas pelas mercadorias e os bens produzidos pela tecnologia, que tornam a vida mais simples em determinados sentidos, criaram uma unanimidade sobre a importância do sistema e as vantagens de tomar decisões racionais, com o devido cálculo de benefícios e prejuízos. Por outro lado, a apologia à racionalidade gera uma alienação perigosa, o que contribui para a sua caracterização como um meio de aperfeiçoamento do sistema, uma operação corretiva, que se volta ao aprimoramento dos processos produtivos e ao requinte dos recursos de existência, e o resultado disso é que a racionalidade esvazia-se como recurso reflexivo, como instrumento de crítica, elemento fundamental para o esclarecimento político.

O método científico, tal como foi considerado por René Descartes, pactuado com a matemática universal, será visto como o caminho mais curto entre os homens e a verdade. A ciência, aquela capaz de elevar a técnica à tecnologia, tornou possível a dominação da natureza de forma cada vez mais eficaz, criando também os instrumentos para uma dominação cada vez mais efetiva do homem sobre os homens. Isso implica a consideração não apenas da máquina produtiva, que envolve procedimentos de conduta e disciplina laboral, o afastamento do trabalho material e espiritual, a gigantesca divisão manufatureira do trabalho, mas também uma servidão ao conjunto de elementos técnicos que amplia a comodidade da vida e sacraliza o mundo do trabalho como atividade imaculada, que não pode ser vista de forma crítica. Nesse sentido, a racionalidade instrumental, ainda que não seja dominada pelos homens, estabelece uma relação de dependência com eles.

O intenso desenvolvimento da técnica e da tecnologia levou a humanidade ao ponto de incorporar sua presença em todos os elementos da vida; na medida em que a técnica e a tecnologia se filiam ao cotidiano, os homens abandonam o espírito crítico, alienam-se e reificam-se. Esse processo, evidentemente, não é uma condição necessária, e é justamente por isso que Habermas vai apresentar uma visão otimista sobre o progresso. A tecnologia não precisa ser causa de alienação, ela pode ser uma ferramenta crítica, capaz de ampliar e qualificar os discursos. Entretanto, tudo conspira para que isso não aconteça. Basta analisar os meios de comunicação de massa e seus enquadramentos dicotômicos e superficiais para compreender como o espírito crítico está distante da população.

A ideologia da modernidade confunde-se com a ciência e com a técnica, e, diferentemente de uma ideologia que povoa o mundo das ideias, os produtos e procedimentos tecnológicos estão nas ruas e nas casas, no trabalho e no lazer, nas interações sociais e na produção de conhecimento. Falar de liberdade nesse contexto é reconhecer que há uma imperiosa *sujeição maquínica*, tal como a descreveu Maurizio Lazzarato, a partir de Gilles Deleuze e Felix Guattari, que se soma às diferentes *sujeições sociais*. Se por um lado os homens são limitados por regras em diferentes instituições às quais estão sujeitos, por outro habitam uma época caracterizada pelo desenvolvimento técnico-científico-informacional.

O ambiente que se forma com a presença da tecnologia em toda parte cria as condições para um outro tipo de servidão, eficiente e sutil, capaz de cooptar os desejos e se incorporar aos hábitos. Considerando o imbricamento entre o desejo e a tecnologia, é especialmente interessante pensar os limites da liberdade, que nesse contexto ultrapassa o condicionamento político e econômico. Os indivíduos estão submetidos à presença tecnológica em uma rede de interdependência. Não apenas os objetos técnicos e tecnológicos circundam o cotidiano social, mas também são interpostos a toda forma de comunicação e interação, criando uma circunstância em que toda a visão de mundo e meios interpretativos da vida estão permeados pela tecnologia.

Habermas fala de uma sociedade totalitária de base racional, caracterizada por uma racionalidade tecnológica que viabiliza uma ampla dominação. Mais à frente, Gilles Deleuze desenvolverá o conceito de sociedade de controle, chamando atenção para as formas de controle da subjetividade. Não se trata, portanto, de um controle apenas dos corpos, mas de uma inclusão abrangente e irrestrita, que abarca toda a espécie humana, que envolve os comportamentos, os afetos, os desejos.

A tecnologia, cada vez mais desenvolvida e abrangente, firma-se como meio de dominação, embora tenha todas as condições para servir como meio de libertação. A tecnologia atua como uma forma de ampliação e, muitas vezes, de substituição das forças humanas, contribuindo diretamente para os ganhos de capital. Sendo assim, não se construiu uma relação diferente entre a técnica e a estrutura do trabalho; o que vemos é a renovação, cada vez mais eficiente, do papel da técnica no fortalecimento do capitalismo, não apenas dos meios produtivos, mas da organização dos fluxos sociais e dos discursos. A tecnologia está presente na produção de meios facilitadores do cotidiano; na organização dos deslocamentos; na intensificação dos meios de produção; na multiplicação do universo de consumo; na inteligência de desenvolvimento de políticas públicas; no universo de lazer; no planejamento familiar; na alimentação; na educação; na medicina; nos meios de informação e de sociabilização.

O reconhecimento da presença da tecnologia em todos esses aspectos da vida humana implica, portanto, a necessidade de haver uma nova caracterização para a política. Os procedimentos e os dispositivos tecnológicos que se aplicam à vida humana modificam diretamente o jeito de estar no mundo. A presença tecnológica alterou por completo a temporalidade humana e sua maneira de interpretar a vida. As interações e a vivência do mundo da vida, agora, passam a contar com a presença totalitária da tecnologia. Essa presença é tão imperativa que deixa de ser uma escolha para os cidadãos. Aqueles que não se locomovem com as máquinas chegam atrasados. Os que não se informam por meios eletrônicos estarão desatualizados. Os que insistem em meios manuais de produção não cumprirão suas metas. Os que prescindem da tecnologia para o cuidado de sua saúde viverão menos.

Ora, se a tecnologia está por toda parte, é certo que ela ocupará um papel fundamental no processo de formação da opinião pública, matéria-prima da democracia. É certo, também, que a própria política institucional será modificada pela presença de *softwares* e bancos de dados inteligentes, capazes de captar os fluxos da sociedade e otimizá-los. A propaganda eleitoral, por sua vez, será totalmente nova diante das redes rizomáticas de comunicação e do fenômeno das fake news. O profissional de marketing, com o dever de vender serviços, mercadorias ou candidatos, poderá predizer comportamentos a partir do uso das redes e da aplicação de inteligência artificial. A política, de forma cada vez mais sofisticada, deverá assumir a possibilidade de intervir no comportamento a partir da indução da opinião, e será cada vez mais difícil identificar intencionalidades humanas e o protagonismo das máquinas. Essa circunstância traz novos desafios éticos, que nos obrigam a encarar a simbiose do homem e da máquina, e a dificuldade de responsabilização diante do embaraço de discernir aquilo que é fruto da vontade humana e aquilo que é consequência imprevisível e inevitável da atuação dos algoritmos.

O desenvolvimento da tecnologia instaura-se, sobretudo, a partir de uma escolha. É nesse sentido que Gérard Lebrun, ao tratar a *tecnofobia*, nos chama a atenção para a importância de uma atitude ética como meio de frear as desmedidas da presença tecnológica no planeta. A partir do clássico de Hans Jonas, *O princípio responsabilidade*, Lebrun nos alerta para a necessidade de um novo comportamento, que esteja totalmente cooptado pela lógica do sistema. O que a história nos mostra é que a decisão por um procedimento ou objeto tecnológico passou a ser pautada pelos benefícios do presente, ignorando as consequências para o futuro, o que gera novos problemas que só podem ser solucionados com mais tecnologia. Enquanto se instala um círculo vicioso entre soluções tecnológicas e o surgimento de novos problemas a serem equacionados, os danos para o planeta e para a humanidade crescem em progressão geométrica. Esse ciclo, segundo Jonas, somente pode ser freado com uma postura ética.

Se a decisão pelo desenvolvimento tecnológico estiver pautada pelo capital, não haverá futuro sustentável para a vida na Terra. Então, a relação entre a tecnologia e a ideologia vai ganhando contorno em nossa discussão. Na medida em que a transformação da natureza pela intervenção humana impacta diretamente a vida humana, as consequências tecnológicas vão, gradativamente, pelo hábito e pela falta de consciência, tornando-se cada vez mais intensas e irreversíveis. O impacto já não está circunscrito aos danos à natureza e ao corpo natural do homem. O impacto está presente na subjetividade, na maneira rasteira e veloz de se enxergar o mundo. Já não há mais tempo para a reflexão e o pensamento, tamanha a velocidade de tudo. O atropelo dos mercados e da concorrência não deixa espaço para os estudos de impacto, para a avaliação das consequências que uma atitude do presente exercerá nas gerações futuras. Enquanto a ideologia do progresso e do individualismo for hegemônica, não haverá espaço para olhar para a tecnologia como meio de emancipação. Habermas sabe disso e propõe em sua ação comunicativa uma situação discursiva ideal a ser buscada, considerando que seres humanos, dotados de vontades, livres de todo tipo de coerção, possam, finalmente, tomar decisões conscienciosas.

A tecnologia em si não é maléfica, o problema está no uso que se faz dela. Por esse motivo, a relação com a ideologia é direta. Para que haja uma convivência sustentável e positiva com a tecnologia, é preciso que pensemos o planeta hoje, olhando para o futuro, e é preciso que se criem condições para viabilizar consensos que considerem a existência coletiva para além do individualismo.

Desinformação como instrumento do autoritarismo e dieta informacional no campo ideológico

Fabrício Amorim*

Desinformação não é novidade na história[1], mas a velocidade da sua propagação em um ambiente de hiperconexão social permanente[2] exaltou a ideia de pós-verdade e de fake news, de modo que atualmente as informações falsas disputam espaço com as verdadeiras. Informações verídicas em circulação no debate público aperfeiçoam a produção de consensos e o funcionamento das democracias. O que se enfatiza, portanto, é o potencial de disseminação e a internalização pelas pessoas dessas informações falsas com o potencial expansivo das redes sociais. Na era da informação da internet, a desinformação circula com velocidade por

* Fabrício Amorim é jornalista, mestre e doutorando em Ciências Sociais pela PUC-SP. Especialista em Ciência Política pela FESP-SP. Pesquisador do Núcleo de Estudos em Arte, Mídia e Política (Neamp) da PUC-SP. Editor-assistente da *Revista Aurora* (publicação eletrônica de arte, mídia e política).

uma grande variedade de rotas.

A força das redes não se encontra nos indivíduos atuando isoladamente, mas nas possibilidades sem fim de expansão dessas informações[3]. A desinformação potencializada pelas redes sociais coloca em jogo a defesa da reputação e da credibilidade, que compõem o capital político e o capital social[4] fundamentais para os agentes sociais permanecerem dominantes dentro dos seus campos de atuação. Nesse fluxo informacional contínuo explodem ocorrências nos números de mensagens, vídeos, áudios, *memes, podcasts* e comentários nas redes sociais, que, em excesso, confundem. Em meio a essa abundância de informações, a Organização Mundial da Saúde (OMS), com o aparecimento do novo coronavírus, um mês antes de decretar a pandemia de covid-19, em março de 2020, manifestou preocupação com o que denominou "infodemia", termo utilizado para combater a disseminação de desinformação a respeito do vírus. Para Morozov[5], existe uma epidemia de fake news que está afundando as democracias. Depois da enxurrada desinformativa que atingiu as pessoas no processo eleitoral de 2018, foi possível perceber mais precaução com desinformação no pleito municipal em 2020[6], comportamento a ser verificado em novas pesquisas nas eleições de 2022[7].

Devemos nos lembrar dos diversos relatos de brigas que abalaram relações[8] durante o processo eleitoral em 2018 por causa de visões de mundo distintas apimentadas por discussões que foram alimentadas por desinformação, para destacar a urgência da construção de uma cultura de checagem, de um letramento midiático que possibilite reconhecer a desinformação que invade o espaço social. Muitos debates acalorados esquentaram o clima na esfera política por causa de desinformação, e, nesse sentido, insere-se a preocupação com a dificuldade em desmentir falsos acontecimentos ou distorções dos fatos que viralizaram nas redes, pois, além de abalar os vínculos sentimentais entre as pessoas, abrem-se nuvens de fumaça que escondem ou deixam de lado assuntos importantes para o debate público.

Polarizações são normais e saudáveis nas democracias[9]. No Brasil, o embate eleitoral PSDB *versus* PT teve início em 1994 e se intensificou na eleição de 2014, com a contestação do resultado das urnas eletrônicas pelo candidato Aécio Neves (PSDB) após a derrota para Dilma Rousseff (PT). Já as eleições de 2018 se aproximaram ainda mais de uma polarização[10] considerada tóxica. Polarizações em excesso podem trazer riscos e corromper as democracias com cisões em visões de mundo que não são diferentes, mas excludentes[11]. Bolsonaro se elegeu em um contexto eleitoral em que sobreviveu a uma facada durante a campanha (que serviu como pretexto para não ir a debates na televisão); em razão do impacto vivo da Operação Lava Jato na opinião pública, num cenário de forte antipetismo; por causa da decadência do PSDB nas urnas, da grande circulação de desinformação[12] disseminada pela campanha e por apoiadores[13] do candidato do PSL, entre outros fatores.

Na campanha eleitoral, Bolsonaro prometeu combater o sistema e, de fato, após eleito, cumpriu o prometido ao utilizar uma estratégia antissistema para atacar veículos de comunicação do jornalismo, a ciência, o Supremo Tribunal Federal (STF), o Tribunal Superior Eleitoral (TSE), entre outros atores sociais[14]. O período eleitoral em 2018 foi marcado por desinformação. Podemos recordar alguns episódios de desinformação que circularam durante o pleito. Eleitores do candidato à presidência da República, Jair Bolsonaro (então filiado ao PSL), teriam feito uma suástica na barriga de uma jovem com um estilete. O caso foi investigado pela Polícia Civil do Rio Grande do Sul, que concluiu que a jovem se automutilou. Fernando Haddad comentou a suposta violência em uma rede social e utilizou a imagem da suástica em sua campanha eleitoral.

A desconfiança e a deslegitimação das urnas eletrônicas foram difundidas nas redes sociais quando se propagou uma suposta adulteração na urna eletrônica que beneficiaria o candidato do PT. Quando a tecla com o dígito 1 era pressionada, a urna eletrônica automaticamente completava com o número 3, mostrando a foto de Haddad. O Tribunal Superior Eleitoral (TSE) negou a falha, garantindo a comprovação da falsidade do vídeo.

Durante o período de sabatinas dos candidatos à presidência no *Jornal Nacional*, da TV Globo, Bolsonaro exibiu um exemplar do livro *Aparelho sexual e cia.*, referindo-se à publicação como parte de um "kit gay" que seria distribuído a crianças de 6 anos, e associou o material à gestão do seu adversário Haddad, quando este era ministro da Educação. O MEC negou a distribuição do tal kit nas escolas. O TSE deliberou a remoção dos vídeos nas redes sociais.

O cantor e compositor Geraldo Azevedo afirmou que Hamilton Mourão, vice de Bolsonaro, o torturou no período da ditadura militar, em 1969. Nessa época, contudo, Mourão tinha 16 anos de idade e não havia ingressado no Exército. Azevedo admitiu a confusão e se retratou pelo engano, mas o estrago já estava feito. A história foi utilizada por Haddad em sabatina na revista *Época*.

No contexto em que ocorrem, as desinformações conduzem ao erro, sem que haja intenção de reproduzir a informação falsa, mas observamos em outros casos de desinformação que há intencionalidade, ou seja, objetivo de criar um fato político para interferir no processo eleitoral. Uma pesquisa realizada por pesquisadores do Núcleo de Arte, Mídia e Política (Neamp) da PUC-SP com eleitores da cidade de São Paulo, durante o processo eleitoral municipal de 2020, revelou o cansaço das pessoas com o volume de fake news e desinformação no processo eleitoral de 2018. Já sobre o pleito de 2020, o estudo apontou para a percepção de baixa circulação de conteúdos falsos. A maioria dos respondentes progressistas e conservadores classificou de mentira[15] peças contendo desinformação em formato de *meme* que estavam em circulação nas redes, demonstrando maior cuidado com a checagem e a internalização de notícias falsas.

De fato, a desinformação mobiliza as pessoas a reagir e desperta sentimentos e motivações. Pensando em tipos ideais, podemos destacar alguns dos motivos do repasse de fake news: a confiança em quem repassou a notícia; o viés de confirmação, isto é, a confirmação de crenças internalizadas; entretenimento (sátira, ironia), seja por ódio, medo, seja por esperança; incompreensão ou desconhecimento dos fatos; narrativa inusitada, que beira o absurdo; por intencionalidade, ou seja, quando se sabe da falsidade do material e se compartilha mesmo assim[16].

Fake news, desinformação e legitimidade do jornalismo

No que concerne ao significado de fake news e desinformação, ambas têm o objetivo de enganar deliberadamente. Fake news são textos, *memes*, áudios, vídeos comprovadamente falsos que podem enganar os leitores[17], mesma concepção de Delmazo e Valente *apud* Allcott e Gentzkow[18]. Wardle e Derakhshan acrescentam uma distinção interessante entre desinformação e os termos *misinformation* e *malinformation,* sem tradução em português. A desinformação ocorre no desenvolvimento e compartilhamento deliberado pelo indivíduo que sabe como está agindo. Estamos no coração da discussão sobre a intencionalidade dos indivíduos em propagar desinformação. Já a *misinformation* se refere ao compartilhamento desavisado, ou seja, quando o indivíduo não sabe se tratar de informações falsas e as espalha. E a *malinformation* caracteriza o espalhamento intencional de material privado, sem interesse público.

Líderes que flertam com o autoritarismo no ataque às Supremas Cortes e ao jornalismo, entre outras instituições, como Jair Bolsonaro e Donald Trump, classificam de fake news as matérias da grande imprensa que lhes desagradam. Diante disso, privilegio a adoção do termo *desinformação* a partir da noção de compartilhamento intencional ou não intencional[19]. Segurado e Chicarino *apud* Wardle e Derakhshan apontam para a impossibilidade de um acontecimento falso, isto é, fake, ter veiculação no jornalismo, uma vez que estima-se um trabalho de apuração e verificação que impediria a circulação da notícia falsa.

O jornalismo tem como pressuposto informar após rigorosas etapas de apuração, checagem e redação dos acontecimentos, que a partir daí se tornam conteúdos noticiosos. Os veículos dominantes[20] no campo do jornalismo no Brasil lutam por mais legitimidade, buscando confiança em um cenário de diversos estímulos contrários decorrentes da própria política.

Agências de checagem de notícias, na busca de esclarecer informações falsas, reforçam a luta pela credibilidade da prática jornalística, que não tem mais o monopólio da verdade depois da abertura desse campo propiciada pela internet. Isso ocorre porque a legitimidade da informação passou a ser firmemente questionada quando em conflito com a visão de um indivíduo distinta do fato apresentado. Na politização da desinformação no campo ideológico, as agências de checagem são acusadas por parcelas da direita de estar a serviço das esquerdas na censura de seus conteúdos.

A desconfiança em relação às instituições no Brasil, que pode estar ligada a uma crise da democracia representativa, junta-se a uma descrença nos veículos de comunicação dominantes, principalmente por parte do espectro conservador. As manifestações de junho de 2013, que escancararam o sentimento antissistema, não pouparam duras críticas às informações provenientes do jornalismo dominante – e não sumiram no tempo. Nesse sentido, os meios de comunicação ocultam uma verdade a ser procurada, escavada, que esteja de acordo com uma crença preexistente, até vir à superfície, numa luta pelo agendamento daquela narrativa no debate público.

Desinformação ganha potência na tentativa de apropriação da credibilidade do jornalismo[21] com o potencial expansivo das redes sociais, em um confronto direto com as notícias dos veículos de comunicação tradicionais no Brasil. Vivemos um momento em que o jornalismo é contestado, de modo que a desinformação passou a fazer parte da dieta informacional das pessoas[22], numa batalha pela verdade.

A crise de legitimidade do jornalismo dominante deslocou a questão da "verdade", colocando-a sob luta. Quando o público confunde as notícias reais com as notícias falsas, pode-se brincar com a legitimidade do jornalismo[23]. Nessa perspectiva, políticos se apropriam do termo "fake news" quando são cobrados e indagados pelo jornalismo[24]. A desinformação empregada na esfera política tem potencial de fortalecer líderes autocratas, enfraquecer democracias e dividir sociedades.

A degradação das democracias está relacionada à desinformação[25]? Esta pode não ser a causa direta, mas intensifica o esgarçamento do tecido social. Tenho em vista que as fake news potencializam a erosão democrática, desestruturando relações sociais entre indivíduos, as bases das instituições de Estado. As fake news e a desinformação têm grande capacidade de influir nos processos eleitorais pelo mundo, a exemplo de estratégias antissistema baseadas na mentira utilizadas por Donald Trump[26], nos Estados Unidos, e Jair

Bolsonaro, no Brasil[27], que funcionam como uma bússola que orienta e conduz multidões, visando descaracterizar democracias por meio da implementação lenta e gradual de seus projetos autoritários.

Verdade factual, desinformação e o uso autoritário

Retirar a verdade do seu eixo legítimo na factualidade significa terreno fértil para ações autoritárias. Parcelas da direita e da extrema direita no Brasil que flertam com o autoritarismo de Bolsonaro se defendem no escudo do politicamente incorreto e na liberdade de expressão contra o que chamam de censura a favor da pluralidade de vozes no debate público, que, na realidade, é salvo-conduto para a circulação de discursos de ódio, muitas vezes como desinformação. A defesa que fazem é de uma liberdade que reage à organização de minorias nos discursos identitários, expressão que se encontra nas guerras culturais[28] ou guerras de valores. Dessa forma, muitas vezes empregam um argumento pretensamente favorável à democracia, que, na prática, vale como pretexto para sua própria degradação[29].

No que diz respeito às instituições, observamos a tensão acentuada entre os poderes durante o governo do presidente Jair Bolsonaro e a desconfiança com as urnas eletrônicas, que fortalecem teorias da conspiração, narrativas de deslegitimação e desinformação. O versículo bíblico "Conhecereis a verdade, e a verdade vos libertará" (João 8:32), utilizado por Bolsonaro durante a campanha eleitoral e ao longo de seu governo, deslocou a verdade factual que o contraria na reivindicação do monopólio da verdade para si. Foram sete informações falsas ou distorcidas por dia em 2021 ditas por Bolsonaro, conforme levantamento da agência Aos Fatos[30].

Como a verdade de um acontecimento está no centro da discussão sobre desinformação, existe a necessidade de distinguir o que se entende por "verdade". Bucci[31] ressalta a crítica de que as "luzes" geradas a partir do Iluminismo – com a razão no comando das ações – teriam um papel civilizatório na busca de uma verdade que iluminaria. A verdade única, como legado do pensamento cartesiano, pode abrir caminho para o fortalecimento de líderes autoritários, como destacaram autores da Escola de Frankfurt, entre eles, Adorno[32]. Nessa linha de pensamento, as verdades são múltiplas. Já o conceito de verdade factual em Arendt contorna o debate filosófico a respeito da natureza dessas verdades múltiplas, porque estabelece um porto seguro para apontarmos objetivamente para o acontecimento.

A mentira organizada pode ser um instrumento contra a verdade, diz Arendt. A mentira organizada, segundo a autora, destrói o que quer negar[33]. Bucci[34], ao analisar o trabalho de Arendt, explica que existe uma cisão entre a política e a verdade factual, porque a política pode se apropriar dos fatos. Portanto, não existe segurança dos acontecimentos nas mãos do poder[35]. Bucci[36] esclarece que, aos olhos de Arendt, a política não pode estabelecer a verdade dos fatos para não flertar com o autoritarismo. A mentira organizada, como apontada por Arendt, ordena-se com o potencial infinito de circulação nas redes sociais.

A verdade factual pode desfigurar-se em pretensão de verdade quando argumentada apenas no campo ideológico, pois escapa da factualidade comum a todos, local que permite o debate de ideias, indo diretamente para a esfera das opiniões, em um deslocamento que captura o acontecimento para si, encerrando a possibilidade de argumentação do interlocutor. Um fato que ocorreu no mundo e que tem a própria versão distorcida da circunstância, isto é, a opinião na direção contrária sobre algo factual, pode ser determinado por um viés de confirmação, em que se ignora o acontecimento, numa vontade de verdade que se submete à vitória da própria crença, cultivando assim uma versão falsa da história.

O acontecimento descartado por uma visão de mundo disposta a dar valor de verdade à opinião, em detrimento do factual, é defendido caracterizando-se o fato como outra narrativa, que, em tensão com a verdade dos fatos, acaba por ser arrastada à posição de conflito, chegando finalmente a uma guerra de narrativas. As frases "minha verdade pode ser diferente da sua" ou "o que é fake news para você pode não ser para mim" substituem a verdade factual pela opinião do indivíduo, na tentativa de legitimar o que é falso, permitindo um caminho para a desinformação sob a alegação de ser uma narrativa independente ou em contraposição. De acordo com relatório da

Organização para Cooperação e Desenvolvimento Econômico (OCDE), 67% dos estudantes de 15 anos no Brasil não sabem distinguir fatos de opiniões na leitura de textos[37].

Se informações verdadeiras, isto é, verdades factuais, a princípio, ajudam a oxigenar o debate público, a desinformação é instrumento potente em processos autocráticos nas democracias ou em autoritarismos consolidados. Dessa maneira, tanto faz se o governo é de direita, extrema direita, esquerda ou extrema esquerda. A desinformação e as fake news impedem a produção de consensos fundamentais para qualquer democracia, contrapondo artificialmente a verdade factual com outras narrativas ou emissão de opiniões distorcidas de um acontecimento, ou seja, mentiras. Desinformação com intencionalidade ou mentiras organizadas impossibilitam o diálogo, alimentando o fechamento na bolha com quem compartilha da mesma visão de mundo.

Verdades factuais no jornalismo dominante são tratadas com rigor de apuração, checagem, confronto de versões, de maneira que o jornalismo possui compromisso com o erro ao se retratar por uma matéria mal apurada. Como a política pode se apropriar dos fatos e distorcê-los (o que revela a cisão entre a política e a verdade factual), a construção política de outra narrativa, isto é, uma desinformação, surge como uma verdade revelada que atinge a percepção do indivíduo a respeito de uma informação não abordada pelo jornalismo dominante e que por algum motivo político foi ocultada. A construção política de uma verdade revelada pode ser comparada a uma espécie de fundamentalismo.

Assim, fundamentalismo determina-se pela ideia de que existe uma "verdade revelada" que dificulta ou impossibilita o debate[38]. O monopólio da verdade e a rejeição a outras interpretações[39] são definições do fundamentalismo religioso que permitem aproximações com um tipo específico de fundamentalismo na política, não relacionado aos dogmas da religiosidade, mas a dogmas sociais alimentados pela política em uma ampliação do antagonismo[40], isto é, fortalecimento de conflitos em que determinados agentes políticos não enxergam os oponentes como adversários, mas em uma luta do bem contra o mal na qual os inimigos têm de ser aniquilados.

A negação da legitimidade dos adversários políticos, apresentando-os como figuras a serem banidas da vida pública, é um dos indicadores do comportamento autoritário de uma liderança no poder[41]. O monopólio da verdade que integra o fundamentalismo político encontra nas fake news e na desinformação um modo de manter o dogma, pela apropriação e tentativa de legitimação da sua versão de um acontecimento. A investida na posse exclusiva da verdade possibilita restringir o trabalho da mídia e caracterizar o líder como um possível autocrata[42] que ataca e deslegitima a verdade factual, classificando-a de fake news.

Como as pessoas buscam informação na era da internet?

Uma análise dos materiais noticiosos no grupo "Bolsonaro até 2026", criado na rede social Facebook, no ano de 2016, revelou que o veículo mais compartilhado é o Jornal da Cidade Online, seguido de Diário do Brasil; Gazeta Brasil; OpiniãoCrítica; e Conexão Política[43]. O compartilhamento da grande imprensa, como UOL, CNN Brasil, Estadão e até Rede Brasil Atual apareceu poucas vezes, mas surgiu principalmente quando existiam matérias com enquadramento negativo em relação ao Supremo Tribunal Federal (STF) no contexto de conflito institucional entre poderes e de ameaças de ruptura pelo presidente Jair Bolsonaro, que ocorreram em maio e junho de 2020, ou em defesa de Fabrício Queiroz.

No campo progressista, uma verificação no grupo "Frente Ampla contra Bolsonaro", criado no Facebook em 2019, revelou boa circulação de veículos dominantes, como Estadão, Folha de S.Paulo, G1 e, em menor número, veículos com viés mais progressista, como Brasil 247, Jornal GGN, Mídia Ninja, Rede Brasil Atual, Diário do Centro do Mundo.

Já no estudo de recepção de desinformação nas eleições de 2020 na cidade de São Paulo, progressistas e conservadores[44] dizem se informar pelos portais de notícias na internet, pelas redes sociais, pelo agregador de notícias do Google, pela confiança nas relações interpessoais e pelos veículos de comunicação dominantes, embora tenham visões distintas da qualidade das notícias, com o grupo progressista demonstrando mais confiança na grande imprensa. Nesse sentido, o Grupo Globo é visto com desconfiança por progressistas e conservadores, ainda que por motivos diferentes.

Diferentemente do grupo de apoio ao presidente Bolsonaro, conservadores nessa pesquisa destacaram acompanhar o jornalismo da CNN Brasil, R7, UOL e Estadão. Com menos frequência aparecem O Globo, G1, rádio Jovem Pan e CBN, embora todos com dúvidas e críticas. Boa parte dos conservadores descreve o jornalismo da Globo como tendencioso e de má qualidade.

Progressistas dizem ter um olhar crítico em relação ao Grupo Globo e ao jornalismo dominante, com pouca abertura para assistir a telejornais que consideram parciais e manipuladores, mas demonstraram preocupação em se informar buscando a verdade dos fatos. Folha de S. Paulo e Estadão foram os veículos dominantes mais citados, seguidos de Valor Econômico, El País, UOL, bem como rádios CBN e BandNews. A atividade de checar informações esteve muito mais presente entre os progressistas, mas também foi citada diversas vezes entre os conservadores[45].

Considerações finais

Vivemos uma infodemia, e a desinformação e as fake news nos atingem diariamente. A desinformação desloca a verdade factual a uma mentira que é chamada de outra narrativa, dificultando a produção de consensos nas democracias. Assim, desinformação pode servir como instrumento potente para processos autocráticos ou autoritarismos consolidados, em que o líder autocrata possui o monopólio da verdade, numa espécie de fundamentalismo político.

No campo ideológico, progressistas têm mais confiança em relação aos conteúdos noticiosos dos meios de comunicação, enquanto conservadores nutrem mais desconfiança. Apoiadores de Bolsonaro demonstraram propensão ao consumo de veículos ligados ao bolsonarismo, apontando para conduta antissistema contra o jornalismo dominante em favor da verdade direcionada pelo presidente. No mais, tanto progressistas quanto conservadores[46] alegaram cansaço com a desinformação das eleições em 2018, classificaram as fake news como mentiras e mostraram-se favoráveis à checagem.

Existe um pensamento latino-americano?

Wagner Iglecias*

Surgida, enquanto formação econômica, social, cultural e política, da anexação pelos impérios espanhol e português na virada para o século XVI, a América Latina viveu mais de trezentos anos sob a condição colonial.

É composta, na atualidade, por dez países sul-americanos (Argentina, Bolívia, Brasil, Chile, Colômbia, Equador, Paraguai, Peru, Uruguai e Venezuela), seis países centro-americanos (Panamá, Costa Rica, Nicarágua, Honduras, El Salvador e Guatemala), três países caribenhos (Cuba, Haiti e República Dominicana) e pelo México. É vizinha e se mescla, inclusive, com o próprio Caribe, que é composto por vários outros países, insulares ou não, cuja identidade cultural não é de origem latina, como Suriname, Guiana, Belize, Bahamas, Jamaica, Trinidad e Tobago, entre várias outras nações.

---

* Wagner Iglecias é doutor em Sociologia e professor da Escola de Artes, Ciências e Humanidades e do Programa de Pós-Graduação em Integração da América Latina da USP.

A América Latina tem cerca de 600 milhões de habitantes, etnicamente distribuídos entre povos originários e seus descendentes, *sobretudo* nos Andes e na Amazônia; brancos de origem europeia, *principalmente* no Cone Sul da América do Sul; e negros de origem africana, *especialmente* numa longa faixa territorial que vai do Rio de Janeiro a Cuba, passando por parte do Nordeste brasileiro, pelas Guianas e por Venezuela, Colômbia, República Dominicana e Haiti[47]. Essa, grosso modo, seria a distribuição geográfica das três grandes raízes da formação humana da região. Mas somem-se a isso infindáveis miscigenações entre elas ao longo do tempo, bem como fluxos diversos de migração interna e, a partir do século XIX, a chegada de imigrantes de outras partes do mundo – como o Oriente Médio, o Extremo Oriente e o Leste Europeu – e se tem um panorama da diversidade étnica da região.

Na América Latina encontram-se algumas das cidades mais populosas do planeta, como São Paulo, Cidade do México, Buenos Aires, Bogotá, Rio de Janeiro, Santiago e Lima[48]. Incorporada ao nascente capitalismo europeu do século XVI numa relação de subalternidade produtiva e econômica às metrópoles, a região permanece, quinhentos anos depois, ainda fortemente inserida na economia global como produtora e fornecedora de bens primários. Marcada por quase quatro séculos de escravidão, a América Latina tem grande parte de sua população vivendo até hoje na pobreza. Além disso, possui níveis elevados de desigualdade social. Vários dos seus países, como Brasil, Colômbia, Panamá, Paraguai, Guatemala e Honduras, por exemplo, estão entre os mais desiguais do mundo, junto de nações como África do Sul, Namíbia, Moçambique, Zâmbia, Botswana e Zimbábue[49]. Ao mesmo tempo, Brasil, México e Argentina fazem parte do grupo das trinta maiores economias em nível global e possuem – ou possuíram há algumas décadas – grau significativo de diversificação econômica, com destaque para a presença de algumas cadeias produtivas industriais.

A região possui vários outros contrastes: Chile, Argentina, Uruguai, Panamá e Costa Rica estavam relativamente bem situados, em 2019, no *ranking* global de Índice de Desenvolvimento Humano (IDH), todos com valor igual ou superior a 0,8 numa escala de 0 a 1, envolvendo os 189 países do mundo[50]. Ou seja, eram países com níveis de renda, escolaridade e expectativa de vida considerados elevados. Ao mesmo tempo, a região enfrenta há décadas índices alarmantes de violência. De acordo com a revista *The Economist*, 42 das 50 cidades com maiores taxas de homicídio do mundo em 2016 eram latino-americanas. Não há evidências de que a situação tenha mudado muito desde então.

As questões mencionadas, assim como grau de solidez das instituições políticas e modelos de desenvolvimento econômico, por exemplo, são temas que desafiam governos e sociedades na América Latina e têm relação direta com as ideias que foram e continuam a ser produzidas na região para tentar decifrar e resolver os seus principais dilemas. O objetivo deste capítulo, portanto, é apresentar um brevíssimo panorama da história do pensamento latino-americano, tendo como pano de fundo nossa formação histórica e todas as complexidades daí resultantes. Obviamente, seria impossível abordar todas as correntes teóricas e citar todos os intelectuais que contribuíram para o desenvolvimento do pensamento latino-americano ao longo do tempo. Numa proposta bem mais modesta, pretendo apenas apresentar aos leitores algumas correntes do pensamento latino-americano, destacando alguns dos seus nomes mais conhecidos. Espero que esta pequena contribuição seja útil a todas as pessoas que pretendem conhecer um pouco mais da América Latina por meio de sua história intelectual.

O debate no século XIX

Simón Bolívar, general das guerras de independência que deram origem a Venezuela, Colômbia, Equador, Peru e Bolívia, provavelmente possa ser considerado o primeiro pensador latino-americano. Não apenas por ter nascido na região, mas por ter produzido, nas primeiras décadas do século XIX, um conjunto de ideias mais ou menos sistemático sobre nossas sociedades recém-libertas da dominação colonial. As reflexões de Bolívar eram eminentemente práticas: como acabar com a dominação colonial, dando origem a novos países, e como governá-los depois. Entre suas diversas obras destacam-se quatro – duas, inclusive, anteriores aos desfechos que levaram às independências e duas posteriores.

No Manifesto de Cartagena (1812), Bolívar fazia um balanço das causas do fracasso da chamada Primeira República, breve período de uma Venezuela independente que pouco depois voltaria ao domínio espanhol. No documento, ele criticava o modelo federativo, defendendo a criação de governos centralizadores, discorria sobre a corrupção dos agentes públicos e duvidava que leis pudessem mudar costumes e práticas políticas. Na Carta da Jamaica (1815), Bolívar apresentava um balanço dos avanços nas lutas de independência na época, fazia acenos à Inglaterra em busca de ajuda para enfrentar o poderio espanhol, referia-se a certa especificidade dos povos da região – a partir da mestiçagem entre indígenas e espanhóis – e refletia sobre a necessidade de unidade entre os povos e os futuros países que haveriam de surgir em breve.

No discurso do Congresso de Angostura (1819), que inaugurou a República da Grã-Colômbia, da qual foi presidente e que correspondia aos atuais territórios de Equador, Colômbia, Panamá e Venezuela, Bolívar defendeu o fim de toda forma de escravidão, a criação de regimes republicanos e democráticos – ainda que sob certo grau de centralização política –, o incentivo à educação pública e o combate à corrupção e aos privilégios de todo tipo. E fazia ainda ressalvas ao modelo político dos Estados Unidos, país independente desde 1776, em sua opinião pouco adaptável à realidade da América Latina.

E há, finalmente, sua iniciativa do Congresso do Panamá, de 1826, ao qual compareceram delegações do México, Grã-Colômbia, Peru e Bolívia. Em seus discursos sobre aquele encontro, Bolívar pregava uma aliança permanente entre os países-membros, voltada à proteção mútua contra agressores externos e à resolução pacífica de eventuais conflitos entre seus signatários. Nem todos os países da região tiveram interesse na proposta, que de resto encontrou resistência do Brasil monárquico e escravocrata da época, e também da Inglaterra e dos Estados Unidos, que temiam a criação de uma grande federação hispano-americana nas Américas. Bolívar morreu pouco depois, em 1830, e não viveu para ver a fragmentação da sua própria Grã-Colômbia, bem como uma América Latina dividida entre inúmeras oligarquias nacionais voltadas a interesses locais. A ideia da integração lançada por ele, porém, seria muitas vezes resgatada no futuro por vários governos da região.

Quinze anos após a morte de Bolívar, em 1845, o jornalista e escritor argentino Domingo Sarmiento publicou um livro que teve impacto no debate intelectual latino-americano por décadas: *Facundo: civilización y barbarie*. Exilado no Chile por opor-se à ditadura de Juan Manuel de Rosas, Sarmiento produziu uma obra fundacional, dessas que tentam explicar a gênese de um país. Misturando elementos ficcionais e realidade, ele retratou uma Argentina dividida, nos seus primeiros anos, em dois universos: sua face urbana, moderna e cosmopolita, letrada e europeizada, representada por Buenos Aires, e sua face interiorana, da Argentina profunda, marcada pela cultura gaúcha, pelas oligarquias rurais, pelo caudilhismo e pela mestiçagem. No livro, a cidade grande é retratada como o lugar onde predominam as leis, as ações de governo, o avanço da educação e, ao fim e ao cabo, o progresso. O interior do país, por sua vez, é descrito como o lugar onde predominam a indisciplina, a violência e a corrupção. Em outros termos, uma concepção que opunha, de um lado, a civilização, e de outro, a barbárie.

No livro, o personagem Facundo seria a representação de Rosas, que governava a Argentina enquanto Sarmiento estava no exílio. Após o golpe que derrubou o ditador, em 1852, Sarmiento pôde voltar à Argentina e, inclusive, tornar-se ele próprio presidente do país entre 1868 e 1874. As ideias defendidas por Sarmiento em sua obra principal exerceram grande influência no debate sobre as razões do *atraso* latino-americano em relação à Europa e aos Estados Unidos, que atravessou toda a segunda metade do século XIX e entrou pelos primeiros anos do século XX. Em vários países da região, de fato, teorias racialistas predominaram como explicação naquele período. Eram tempos de valorização do elemento europeu como civilizado e superior, enquanto indígenas, negros e mestiços eram objeto de todo tipo de preconceito, ainda que revestido de ares de teoria científica. A eles era atribuído suposto caráter indolente e indisciplinável, que inviabilizaria o desenvolvimento econômico e político da América Latina.

Outro intelectual muito importante da chamada "geração de 1837", à qual pertenceu Sarmiento, foi Juan Bautista Alberdi. Também argentino, foi mais um exilado durante a ditadura de Rosas, tendo vivido no Uruguai, no Chile e na Europa. Sua obra mais conhecida, *Bases y puntos de partida para la organización política de la República Argentina*, teve grande influência na elaboração da Constituição argentina de 1853, após a queda do ditador. Pensador de matriz liberal, Alberdi acreditava que o futuro da Argentina passaria, necessariamente, pela chegada do capital estrangeiro, pela imigração europeia, pela universalização da educação e pela criação de um governo federalista. Este último serviria para garantir algum grau de autonomia política às províncias, apesar das oligarquias locais. Serviria, na visão dele, para evitar novas ditaduras. Quanto a indígenas e mestiços, Alberdi parecia não ver nenhum papel mais destacado a eles no futuro do país.

Apesar do predomínio das teorias racialistas, o final do século XIX conheceu também grande impulso da ideia de uma originalidade latino-americana intimamente ligada à sua formação humana, ao seu povo. Um dos principais pensadores desse campo foi o cubano José Martí. Cuba atravessou todo o século XIX como uma colônia tardia da Espanha, tornando-se um país apenas em 1898, com o fim do conflito militar dos espanhóis com os Estados Unidos. Vários levantes anteriores, desde 1868, tentaram livrar a ilha do domínio de Madri, mas a independência formal só ocorreu mesmo trinta anos depois. Martí – jornalista, poeta e escritor – morreu pouco antes, em 1895, no campo de batalha, lutando pela independência da ilha caribenha. Deixou vasta obra, que inspirou não somente os líderes da Revolução Cubana de 1959, mas também povos de toda a América Latina e de outras partes do mundo. Seu livro mais famoso é *Nuestra América*, escrito em meio a um ambiente de ideias e teorias importadas da Europa: liberalismo, positivismo e o biologismo aplicado aos fenômenos sociais.

Martí viveu nos Estados Unidos, na Espanha, no México, na Guatemala, na Venezuela e no Uruguai e produziu um conjunto de ideias genuinamente latino-americanas, de inspiração anticolonial, nacionalista e internacionalista ao mesmo tempo. Para ele, a América Latina era uma particularidade histórica única, distinta da Europa mercantilista e dos Estados Unidos, que ele entendia praticamente como uma extensão dela. Diante dos debates da época, que opunham Europa e América Latina por meio da mencionada chave *civilização versus barbárie*, Martí ironizava a falsa erudição das nossas elites e apostava na criação de uma outra modernidade, popular e mestiça, e não uma mera cópia da modernidade europeia, como se fazia à época em toda a região. Uma modernidade efetivamente latino-americana, concebida a partir das nossas características – que, na concepção dele, tinham pouca relação com a realidade da Europa e dos Estados Unidos. Aliás, Martí considerava este último um país marcado pelo individualismo excessivo, pelo racismo e pela exploração das classes populares. Para ele, um traço marcante do *nuestroamericanismo* seria inclusive a necessidade de a América Latina construir sua segunda independência, não mais das metrópoles europeias, mas do expansionismo estadunidense.

A primeira metade do século XX

Na virada para o século XX, outro pensador latino-americano tornou-se muito conhecido: José Enrique Rodó, uruguaio que em 1900 publicou *Ariel*, obra de enorme repercussão literária e política em toda a região. Escritor, político e amigo do poeta nicaraguense Ruben Darío (fundador do modernismo latino-americano), Rodó fez com seu livro um chamamento à juventude latino-americana: conclamava os jovens a tomarem consciência de que faziam parte de uma civilização diferente das demais, a latino-americana. Numa perspectiva que hoje em dia poderia ser bastante questionada, ele enaltecia as raízes greco-romanas e cristãs dos países da região e, com isso, buscava diferenciar a América Latina dos Estados Unidos, por ele considerados uma sociedade materialista e utilitarista.

O pan-latino-americanismo de Rodó exerceu influência sobre várias gerações e tornou-se uma espécie de contraponto à expansão dos valores culturais norte-americanos na região. Ariel, que dá título à obra, é inspirado na estátua de Ariel, anjo que representa a racionalidade e os valores mais elevados da humanidade na peça

A tempestade, de William Shakespeare, escrita em 1610 e 1611. No livro, Rodó relaciona a sociedade e a cultura estadunidenses ao personagem Caliban, da mesma peça, como uma representação do materialismo. *Ariel* foi tão impactante, em termos políticos, literários e pedagógicos, que chegou a originar o que se convencionou chamar de *arielismo*. Sua influência sobre a reforma universitária de Córdoba, de 1919, e sobre toda uma geração de jovens políticos latino-americanos da primeira metade do século XX, é notória.

Outro pensador influente no período foi o peruano José Carlos Mariátegui. Escritor, jornalista e um dos primeiros intelectuais marxistas da América Latina, fundou partidos e sindicatos no Peru e passou parte da vida na Europa. Sua obra mais conhecida, *Siete ensayos de interpretación de la realidad peruana*, é uma clássica interpretação da formação histórica do país andino, antigo centro do Império Inca. Entre discussões sobre ciclos econômicos, papel da Igreja Católica na sociedade e importância da educação pública, Mariátegui debateu dois temas centrais para a compreensão não apenas do Peru, mas da própria América Latina: a questão indígena e a questão da terra. Para ele, o comunismo original dos povos andinos foi destruído pelo colonizador espanhol, que converteu a antiga estrutura econômica e social indígena à mineração e depois implantou um feudalismo postiço na região, por meio do latifúndio e do trabalho escravo. A violência, a exclusão social e a invisibilidade dos povos originários seriam traços marcantes da formação peruana, de acordo com ele. Dessa forma, a solução para o problema estrutural peruano, que é a exclusão social das maiorias indígenas, teria necessariamente de passar pela invenção de outro modelo econômico, inspirado no antigo modelo andino, ainda que não fosse, obviamente, uma cópia fiel daquele, quatrocentos anos depois da queda dos incas. Algo como um indo-socialismo, diferente também dos projetos socialistas criados na Europa naquele início do século XX.

Mariátegui também deu sua contribuição ao debate sobre a existência de um pensamento legitimamente latino-americano. Ele, de certa forma, trazia de volta as indagações que Alberdi havia feito décadas antes e constatava a existência de um pensamento alemão e um pensamento francês, com forte influência em várias partes do mundo, mas desacreditava a possibilidade de um pensamento próprio da América Latina, ou ao menos hispano-americano. Para Mariátegui, a produção intelectual feita no subcontinente até aquele momento, na década de 1920, não tinha características próprias, até porque todos os intelectuais latino-americanos da época deviam sua formação à herança cultural europeia.

Aqueles anos 1920 eram tempos também de afirmação das identidades nacionais. Dois pensadores, entre diversos outros, deram contribuição relevante nesse sentido: José Vasconcelos, no México, e Gilberto Freyre, no Brasil. Eram tempos de pôr abaixo as velhas teorias racialistas produzidas na Europa, que associavam branqueamento a civilização e progresso, e construir novas interpretações sobre a América Latina.

Em 1925, dois anos após a publicação dos *Siete Ensayos* de Mariátegui, Vasconcelos publicou *La raza cósmica*: *misión de la raza iberoamericana*. Segundo sua teoria, todos os impérios passam por nascimento, apogeu e declínio, até o completo desaparecimento. E o que teria marcado todos os impérios da humanidade até aquele momento seria o predomínio de uma raça – negros, mongóis e indígenas teriam vivido o apogeu de seus impérios, e aos brancos europeus coube construir um império que dominaria o mundo, o qual, na verdade, seria a ponte para a criação de um novo tipo de sociedade, na qual todas as raças se mesclariam. Surgiria então a *raça cósmica*, fruto da mestiçagem de corpos e almas (culturas) de tantos povos distintos.

Em 1933, Gilberto Freyre publicou *Casa-grande & senzala*, clássica obra do pensamento social brasileiro, na qual ressaltou não apenas os aspectos culturais que distinguiam o colonizador português do colonizador anglo-saxão, como chamou a atenção para a contribuição de indígenas e negros para a construção da identidade brasileira. Embora a produção de Freyre tenha obtido grande influência sobre o pensamento social brasileiro, ao longo do tempo sua perspectiva hierarquizante do elemento português em relação ao negro e ao indígena e sua leitura controversa sobre a escravidão passaram a ser duramente criticadas. Isso não impediu, porém, que décadas depois, em 1995, Darcy Ribeiro, em *O povo brasileiro*, retomasse o olhar positivo sobre os encontros das tantas gentes e tantas culturas que formaram o Brasil, país que em sua visão tinha potencial de se converter na Nova Roma, em irmandade com seus vizinhos na construção de uma outra civilização a partir da América Latina.

O fenômeno populista

As primeiras décadas do século XX foram marcadas por grandes transformações na América Latina. Países como Argentina, Brasil e México viviam rápidos processos de industrialização e urbanização. Tornavam-se, progressivamente, sociedades de massa. Chile, Colômbia, Peru e Venezuela também experimentavam o crescimento urbano e a diversificação de suas economias, ainda que em menor escala.

A migração de milhões de pessoas do campo para as cidades pressionava as estruturas políticas tradicionais. Dispersos anteriormente nas zonas rurais, os setores populares passaram a se mobilizar, nas cidades, por melhores salários e condições de trabalho, bem como por políticas sociais. Diante da impossibilidade de se verem atendidos pelas velhas elites políticas, os trabalhadores puderam trilhar dois caminhos: criar sindicatos e partidos, numa militância política embalada pelos ideais socialistas e anarquistas que chegavam da Europa, ou se alinhar a novas lideranças políticas que buscavam representá-los. A essas lideranças a literatura política chamou de *populistas*, e à relação entre os populistas e a massa trabalhadora, de *populismo*.

Os populistas eram, em geral, líderes carismáticos, oriundos das classes médias e que falavam diretamente ao povo, sem a mediação de instituições que de fato não representavam quase ninguém além das carcomidas elites políticas de então. Entre essas lideranças pode-se citar o brasileiro Getúlio Vargas, o argentino Juan Perón e o mexicano Lázaro Cárdenas como os mais destacados. Numa época de crise do capitalismo liberal, cabia ao Estado promover o desenvolvimento econômico. E criar as políticas sociais. Não sem razão foram tidos como inimigos pelas velhas oligarquias agroexportadoras da América Latina, bem como tiveram relação controversa com sindicatos independentes e partidos de esquerda criados pela classe trabalhadora.

Intelectuais como Agustin Cueva, Gino Germani, Torcuato di Tella, Octavio Ianni, Francisco Weffort, entre outros, elaboraram várias interpretações sobre o populismo, sendo que uma das suas correntes de maior influência no pensamento latino-americano foi a que entendia o populismo como um fenômeno político oriundo das transformações econômicas pelas quais a América Latina passava nas primeiras décadas do século passado.

Cepal e Teoria da Dependência

Nos anos 1950, pouco tempo depois do final da Segunda Guerra Mundial e da configuração da nova ordem mundial, dividida entre capitalismo e socialismo, foi criada pelas Nações Unidas a Comissão Econômica para a América Latina (mais tarde rebatizada de Comissão Econômica para a América Latina e o Caribe, a conhecida Cepal). Seu objetivo era produzir análises sobre a economia latino-americana, bem como propostas para a diversificação da sua estrutura produtiva e sua integração econômica. Seus dois nomes mais destacados foram o argentino Raúl Prebisch e o brasileiro Celso Furtado.

A principal contribuição da Cepal ao pensamento latino-americano foi a criação da teoria centro-periferia. Em outros termos, a entidade partia da ideia de que a economia mundial é dividida entre países centrais e países periféricos, numa estrutura muito similar àquela das antigas metrópoles e colônias. Os países centrais concentram as atividades econômicas mais avançadas, enquanto os países periféricos ficam responsáveis pelas atividades menos sofisticadas. Numa estrutura econômica interdependente, as atividades mais inovadoras, capazes de gerar mais valor – como a indústria de ponta – e, portanto, mais estratégicas, cabem aos países centrais. A periferia fica com as atividades com menor dinamismo, como mineração e agricultura, menos valorizadas. Assim, de acordo com a perspectiva cepalina, a América Latina participaria da economia mundial numa condição estruturalmente subalterna. Nessa perspectiva, não seria exatamente grande vantagem para um país ser especializado em produzir bens de baixo valor no mercado mundial. Prebisch mesmo tratou de desmontar a consagrada teoria das vantagens comparativas, do economista inglês David Ricardo (1772-1823). Na concepção dele, a constante elevação da produtividade do fator trabalho e a integração produtiva regional seriam as chaves para a América Latina superar sua condição subordinada aos países centrais.

Com o passar do tempo, a instituição ampliou seu foco de análise, mais ou menos como Prebisch também atravessou distintos momentos em sua trajetória intelectual. Temas como educação, reforma agrária e meio ambiente, por exemplo, ganharam importância em diferentes momentos da instituição. O pensamento cepalino perdeu centralidade no debate econômico latino-americano a partir dos anos 1990, em razão da ascensão do neoliberalismo. De todo modo, a produção da Cepal entrou para a história da região como uma tentativa bastante original, baseada na América Latina, de pensar seu lugar na economia mundial.

Na década de 1960, aliás, o debate econômico latino-americano ganhou outros contornos, com derivações para as análises sociais e também políticas. Surgiu a *teoria da dependência*, que partia de premissa parecida com aquela da Cepal: a economia mundial dividida entre países centrais e países periféricos, voltados a produzir bens com valores de troca muito diferentes entre si. A *deterioração dos termos de troca* provocava crises permanentes na balança de pagamentos, segundo os teóricos da dependência. É importante lembrar que a teoria teve duas vertentes bem diferentes. De um lado, Fernando Henrique Cardoso, Enzo Faletto, entre outros, defendiam um *desenvolvimento dependente e associado* da América Latina aos países centrais, numa aliança entre as burguesias latino-americanas e as elites dos países ricos. De outro lado, Ruy Mauro Marini, Theotonio dos Santos, Vania Bambirra e André Gunder Frank não acreditavam nessa possibilidade e defendiam a ruptura dos nossos países com os países centrais. Para eles, a saída para o subdesenvolvimento da América Latina não se daria pela via capitalista. Os quatro produziram inúmeros textos ao longo das décadas de 1970 e 1980, discutindo possibilidades de superação do subdesenvolvimento latino-americano, na vertente que ficou conhecida como *teoria marxista da dependência*.

Existe uma filosofia latino-americana?

Voltando mais uma vez aos anos 1960, cabe falar do histórico debate entre o peruano Augusto Salazar Bondy e o mexicano Leopoldo Zea. Eles travaram uma polêmica que marcou época, relativa à existência ou não de uma filosofia latino-americana. Na obra *¿Existe una filosofía de nuestra América?*, de 1968, Bondy argumentava que o pensamento produzido pela intelectualidade latino-americana até aquele momento era uma adaptação quase repetitiva das principais correntes de pensamento europeias e não se debruçava, verdadeiramente, sobre os problemas latino-americanos. Para ele, a condição de dependência da região em relação aos países centrais seria a causa principal para o não surgimento, na América Latina, de um pensamento original e autêntico.

Já o mexicano Zea, em *La filosofía americana como filosofía sin más*, publicado em 1969, chamava a atenção para a necessidade de que o pensamento latino-americano partisse da própria realidade da região e desse respostas aos seus problemas específicos, sem, no entanto, ignorar a produção intelectual de outras épocas e outras sociedades. Naquele sentido, para Zea, alguns problemas são de fato universais e têm relação com todas as sociedades, em todas as épocas. Mas outros são particulares, relativos a determinadas sociedades em determinados momentos históricos. Para ele, a autenticidade do pensamento latino-americano estaria na capacidade de seus intelectuais de adaptar reflexões produzidas por outros povos, em outras épocas e outros contextos, para a realidade da América Latina, sempre no sentido prático de dar conta dos problemas da região.

De fato, na mesma época surgiram reflexões que tiveram impacto político relevante no debate latino-americano e portavam a perspectiva da resolução de problemas, como a *teologia da libertação* e o método pedagógico desenvolvido pelo educador brasileiro Paulo Freire. A primeira refere-se a um movimento surgido na Igreja Católica latino-americana, que buscava reler a doutrina cristã à luz da realidade social da região. Sob forte influência do Concílio Vaticano II (1962-1965), durante os papados de João XXIII e Paulo VI, os teólogos da libertação exerceram considerável influência sobre o catolicismo latino-americano até a década de 1980, mas perderam espaço durante o pontificado de João Paulo II (1978-2005), de linha conservadora.

O método Paulo Freire, por sua vez, teve também grande repercussão desde seu surgimento, sendo adotado em diferentes países depois da experiência pioneira no Brasil. Ele consiste na alfabetização de adultos por meio de palavras que fazem parte do cotidiano do aprendiz, como expresso em várias obras do autor, entre as quais se destaca *Pedagogia do oprimido*. O exercício do ler e do escrever reveste-se, no método de Paulo Freire, de um caráter coletivo e autonomista, rompendo com um modelo de educação que reproduz relações tradicionais de poder. Apesar do sucesso internacional, que perdura até hoje, o método tem sido bastante criticado por setores conservadores da sociedade brasileira, por ser entendido como ferramenta de doutrinação ideológica.

O pós-colonialismo e o giro decolonial

Recentemente, já na virada para o século XXI, emergiu na América Latina o *pensamento decolonial*. Projeto intelectual ainda em construção, ele parte da ideia de que as lutas de independência na América Latina do século XIX e no Caribe, na Ásia e na África do século XX promoveram a soberania política de muitos países ao redor do mundo, mas não romperam com as relações de colonialidade. O objetivo do pensamento decolonial é superar o pensamento colonial, nas suas mais variadas formas de expressão, e substituí-lo por perspectivas não eurocêntricas de leitura da realidade, por meio de abordagens, ideias e conceitos desenvolvidos pelas sociedades historicamente subjugadas pelo colonialismo europeu, como os povos indígenas e africanos.

O pensamento decolonial foi precedido pelas perspectivas *pós-coloniais*, que tiveram em pensadores como Frantz Fanon (1925-1961) e Aimé Césaire (1913-2008), nascidos na ilha de Martinica, no Caribe francófono, dois de seus precursores fundamentais. Muitas interpretações decoloniais têm surgido no chamado sul do mundo, ou seja, em sociedades que foram colonizadas durante séculos pela

Europa. No caso da América Latina, tornou-se um marco a obra *Colonialidad y modernidad-racionalidad*, de Aníbal Quijano. Na visão do pensador peruano, que dedicou sua vida intelectual a uma vastidão de assuntos, o processo de globalização observado no final do século XX seria "o ápice da criação das Américas e do capitalismo colonial, moderno e eurocentrado como um novo padrão de poder mundial"[51]. Nessa estrutura, a ideia de raça seria central na construção do discurso de inferioridade das identidades sociais dos colonizados em relação aos colonizadores, configurando o que Quijano chamou de *colonialidade do poder*.

Autores como Walter Mignolo, Ramón Grosfoguel, Edgardo Lander, Arturo Escobar, Enrique Dussel, Fernando Coronil, entre muitos outros, produziram inúmeras contribuições, nos últimos anos, ao debate sobre a herança colonial eurocêntrica no pensamento latino-americano. O conceito de *colonialidade do saber* produzido a partir desses debates é contíguo à discussão sobre a colonialidade do poder: o pensamento latino-americano estaria, nessa perspectiva, submetido à dominação do pensamento eurocêntrico.

A teoria do sistema-mundo, criada por Immanuel Wallerstein, e a extensa produção sobre as epistemologias do Sul, de Boaventura de Sousa Santos, vieram também ao encontro dos intensos debates sobre pós-colonialismo e pensamento decolonial produzidos na América Latina nas últimas décadas. De fato, a crítica decolonial sustenta que o capitalismo e a modernidade europeia se estruturam sobre relações de poder pautadas na superioridade do colonizador europeu sobre todos os demais povos do mundo. Ou seja, uma construção política que expropria o outro não apenas economicamente, mas também em seus saberes e em suas formas de ser, e que coloca tudo o que é europeu como a métrica de todas as demais formas de ser, pensar e sentir.

Os debates pós-coloniais/decoloniais são, em geral, associados a autores de outros países da América Latina, mas é importante lembrar a contribuição da intelectualidade brasileira nessa temática, como as fundamentais reflexões de Lélia Gonzalez sobre raça e gênero produzidas nas décadas de 1970 e 1980, e toda a discussão sobre o conceito de amefricanidade. Antecipando tendências no debate latino-americano, Lélia ressaltou a importância das ancestralidades indígena e negra dos povos da América Latina, cujas visões de mundo foram apagadas ao longo do processo colonial e mesmo depois que nossos países se tornaram independentes. A produção intelectual da autora tem como característica distintiva o entrecruzamento de racismo e sexismo, o que resultaria em inegável potencial político transformador das mulheres negras[52]. Embora falecida em 1994, as concepções de Lélia são perceptíveis em vários movimentos sociais dos dias de hoje.

O avanço das perspectivas não eurocêntricas no pensamento latino-americano tem ocorrido como nunca antes. Nos últimos anos, tornou-se conhecido na região o conceito de "Buen Vivir", ou "Bem Viver". O termo refere-se a uma agenda de desenvolvimento inspirada nos princípios do *Sumak Kawsay* (em idioma quéchua) e *Suma Qamaña* (em idioma aymara), que são cosmologias milenares dos povos originários da América Latina, especialmente dos Andes.

De forma muito resumida, pode-se dizer que o *Buen Vivir* prioriza um modelo produtivo em plena comunhão com a natureza (*Pachamama*) e todas as suas formas de vida e ciclos reprodutivos. Concepção, portanto, muito distinta daquela da modernidade europeia, que entende o homem como o centro de todas as coisas. Ao contrário, na perspectiva pachamamista, o ser humano é parte e não senhor da natureza. Por essa perspectiva, apenas em coletividade pode-se viver uma vida saudável, diferentemente do individualismo tão valorizado no pensamento ocidental dos últimos quinhentos anos. Alguns governos recentes na região, como na Bolívia e no Equador, tentaram adotar princípios do *Buen Vivir* na formulação de determinadas políticas públicas. A iniciativa foi revestida de polêmicas, gerando uma série de conflitos envolvendo setores de direita, favoráveis à lógica do mercado; esquerdas tradicionais, com dificuldades em governar sob um paradigma pós-produtivista; e movimentos indígenas e ambientalistas, contrários à continuação da exploração em grande escala de recursos naturais, como se vê na América Latina desde o começo da colonização.

Em um mundo globalizado e interconectado, marcado pela hegemonia neoliberal em seus mais variados aspectos (econômico, social, cultural etc.), é extremamente difícil que os princípios do *Sumak Kawsay* ou da *Suma Qamaña* passem a reger as vidas e as formas de ser, de pensar e de sentir de centenas de milhões de pessoas. De todo modo, essa recuperação das raízes pré-colombianas da região traz contribuições relevantes para o debate intelectual e para a formulação de projetos de poder, inclusive. Trata-se de uma outra relação entre seres humanos, seres não humanos e natureza em geral, inspirada em visões de mundo e práticas de vida ancestrais, que pode vir a ser a contribuição fundamental da América Latina à humanidade neste século.

Considerações finais

Como vimos neste capítulo, a América Latina tem produzido ideias há pelo menos duzentos anos. Como região periférica do mundo, tanto em termos econômicos como políticos, é inevitável que o seja, também, no campo intelectual. Mas houve, e continuam existindo, tentativas de formulação de teorias a partir da própria região. Tanto para pensar a América Latina como para pensar o mundo, ainda que muitas vezes originadas de correntes de pensamento surgidas na Europa, como o liberalismo e o socialismo. Alguns temas, como vimos, são recorrentes na história da região: integração regional, luta por soberania, combate às desigualdades, aos privilégios e às opressões, criação de sistemas políticos democráticos, ampliação de direitos a setores mais amplos da sociedade etc. Enfim, todo um esforço intelectual com finalidades muito concretas de transformação da realidade da região.

Muitos outros autores latino-americanos mereceriam ser citados, por toda a contribuição que deram ao pensamento na América Latina. Menciono três, para encerrar, cujas trajetórias também foram excepcionais: o mexicano Pablo González Casanova, que entre uma infinidade de trabalhos publicou uma dissertação de mestrado (1950) sobre os vários olhares da Europa em relação à América Latina ao longo do tempo e uma tese de doutorado (1955) sobre a visão dos Estados Unidos em relação à região. Somo a ele os brasileiros Florestan Fernandes, também com vastíssima contribuição ao pensamento social brasileiro e latino-americano, e Milton Santos, intelectual que pensou a globalização numa perspectiva alternativa, dos povos do sul do mundo, esperançosos por justiça social e autonomia.

Democracia: das origens à contemporaneidade

Vera Chaia*

Miguel Chaia**

A questão democrática foi levantada inicialmente na Grécia Clássica, como uma invenção política para buscar uma boa vida na difícil sociabilidade de uma pólis. Nasce uma tradição que, de diferentes formas, chega aos dias de hoje e se propõe a implantar um regime político que organize a sociedade a partir de mecanismos institucionais, entendendo a permanência do Estado, configurando uma situação abrangente na qual a democracia

---

* Vera Chaia é doutora em Ciência Política pela USP e livre-docente pela PUC-SP. Professora do Departamento de Ciências Sociais e do Programa de Pós-Graduação em Ciências Sociais da PUC-SP; é coordenadora e pesquisadora do Núcleo de Estudos em Arte, Mídia e Política (Neamp), do CNPq e da FAPESP.

** Miguel Chaia é doutor em Sociologia pela USP, professor do Departamento de Ciências Sociais e do Programa de Pós-Graduação em Ciências Sociais da PUC-SP. É coordenador e pesquisador do Núcleo de Estudos em Arte, Mídia e Política (Neamp). Autor de várias publicações sobre filosofia política e arte e política no Brasil.

está imbricada simultaneamente com a preocupação ética e com a vigência estrutural política como forma de organização da sociedade. Nesse sentido, a democracia é um projeto político que reúne tanto fundamentações teórico-filosóficas quanto experimentações de ordem da prática, tendo em vista manter a viabilidade. Assim, fazem parte do debate democrático vários fluxos que se contaminam e testam a viabilidade desse regime organizacional da sociedade: conhecimento e ação; política e ética; poder e liberdade; utopia e degeneração; e relação Estado e sociedade.

A democracia, por ser uma invenção originada na prática política e no desejo de uma melhor sociabilidade, está permanentemente por se fazer, se aperfeiçoar, ou se atrofiar. Nessa longa trajetória de quase três mil anos, esse projeto de regime político passa por diferentes fases, emerge e desaparece no debate político até alcançar relevância e limites no interior das contemporâneas sociedades de massa, do espetáculo, atravessadas por intensas revoluções tecnológicas que impõem novos desafios à permanência do regime democrático.

Como propõe Aristóteles, "é necessário remontar à origem". Se essa ideia de uma forma de organizar o espaço público, nascida no século VII a.C. com a Reforma Grega, nasceu como exigência de participação contra o poder dos eupátridas, os bem-nascidos, ainda hoje se propõe a possibilidade democrática contra o permanente retorno do poder exorbitante – seja na política exercida no espaço de uma cidade, seja naquelas condições do Estado Nacional. Considerando a longa trajetória da democracia na história ocidental, os motivos da sua invenção original reverberam na atualidade, de modo a deixar entrever que esse regime político sofre pressão dos políticos, das instituições e da sociedade que exigem posturas de defesa desse projeto e de reformulações e avanços constantes – para evitar o seu colapso.

Essa instabilidade do regime político democrático ocorre, inclusive, quando o Ocidente (e, por causa de confrontos de interesses hegemônicos internacionais, também o Oriente) elege a democracia como o regime político ideal de organização dos espaços públicos e elabora uma estratégia contra autocracias, autoritarismos e totalitarismos – configurando um cenário no qual se verifica a democracia em permanente instauração no interior de conflitos sociais, econômicos e políticos.

Com o questionamento da desigualdade social, com Jean-Jacques Rousseau e com a Revolução Francesa (1789), o debate político se exacerba e a questão democrática avança não apenas como forma de controle do poder (poderes) e de defesa da liberdade individual, mas também como valor para enfrentar essa outra dimensão da má sociabilidade dada pela desigualdade social, agora vinculada à propriedade privada. A democracia surge e tem continuidade no campo político dos conflitos agônicos, que atravessam tanto a esfera da conquista e da manutenção do poder quanto os diversos interesses presentes no interior do conjunto da sociedade. Aristóteles já afirmava que "existem vários tipos de democracia e vários tipos de oligarquia"[53]. E, para amplificar mais ainda o campo das tensões da política e dessa forma de governo democrática, o filósofo grego constata que uma cidade é formada por partes, por diferentes segmentos e distintos interesses coletivos: "Então é necessário que as formas de governo sejam tantas quantas organizadas conforme as suas superioridades e suas diferenças dentre as partes"[54].

Em torno do século VII a.C. tem início em Atenas, com Drácon, Sólon e Clístenes, uma reforma para administrar a cidade-estado que inventa e implanta o regime democrático e, simultaneamente, inventa a política ocidental: o poder – *krátia* – em Atenas passa a se basear no *demo*, povo – ainda que circunscrito aos homens maiores de idade. A reforma tem origem na necessidade de responder às pressões de novos grupos emergentes contra o poder da aristocracia. A base da reforma esteve centrada em grupos de legisladores com o objetivo de estabelecer um conjunto de leis escritas para substituir as leis orais e na participação direta do povo na Eclésia, para avaliar as propostas dessas leis e decidir sobre as propostas do governo. Constitui-se, assim, uma comunidade maior do que a família, a *polis* – a comunidade mais significativa organizada pela política. Em *A República*, Platão (428-347 a.C.) desenvolve a parábola do barco – uma analogia para se referir à política como a arte de navegar/governar. Aristóteles (384-322 a.C.) retoma essa referência ao barco como espaço da política e em *Política* – que divulga o termo "política" e amplia o significado da invenção desse conceito – coloca a democracia como forma de governo de todos os cidadãos, do povo, diferentemente da monarquia e da aristocracia. A democracia não é uma forma pura, mas uma degeneração do ideal, uma vez que atende os interesses dos pobres, da maioria em confronto com a *polítia*, bom governo de muitos e gerador da estabilidade.

A democracia, assim, ganha expressão política como uma forma de governo contra o poder ilimitado – isto é, emerge com o propósito de controlar o poder, como indica Aristóteles: "A respeito da constituição dos lacedemônios já foi dito, enquanto alguns acreditam que Sólon foi um legislador zeloso: pois abandonou a oligarquia por ser ilimitada em seu poder, e interrompeu a escravidão de seu povo, e instituiu a democracia tradicional, misturando bem suas formas à sua Constituição"[55]. Vale lembrar que, nas formulações de Aristóteles, a participação política está restrita a uma parcela da população da pólis, excluindo mulheres e escravos.

A forma de governo permitida pela democracia situa-se em um cenário que tipifica a política como uma dimensão da sociedade que busca a limitação do poder, pelo exercício da liberdade coletiva e, portanto, pelo entendimento de que "[...] o fim da cidade é o bem viver, e essas coisas existem em razão desse fim"[56]. Ao discutir o tipo de natureza das diferentes formas de governo, Aristóteles afirma que o governo monárquico é próprio de um povo que gera uma linhagem sustentada pela virtude para alcançar o comando político; o governo aristocrático tem um povo que gera cidadãos capazes de ser governados como homens livres por aqueles que possuem o poder político; "e um povo democrático é aquele em que nasce, por natureza, uma classe política capaz de obedecer e de governar conforme a lei que, por mérito, distribui as magistraturas aos ricos"[57]. Nesse sentido, o filósofo político diz que uma democracia existe quando os homens livres são soberanos e que essa forma de governo tem maior longevidade política por causa dos intermediários e legisladores presentes nas relações políticas que permeiam o espaço público. Convém anotar que Alexis de Tocqueville, em *A democracia na América*, indica que uma das qualidades da democracia norte-americana é dada pela existência de vários canais de intermediação entre governo e sociedade e pelo funcionamento do Judiciário. A proposta grega clássica para a democracia estrutura-se em torno da importância da lei, da Constituição instituída e da participação do cidadão, como um navegante que constrói um espaço público como obra de todos.

Estão implícitos em Aristóteles os seguintes aspectos que perpassam a democracia: mutações provocadas por conflitos; a história como sucessão de formas boas e más de regimes políticos; e o sentido ético da realização da felicidade da *polis* ou a execução de um tipo de liberdade coletiva. E Aristóteles faz a imbricação da *polítia* com a democracia, visto que a lei ganha centralidade e a Constituição é entendida como estrutura que imprime ordem à cidade, determinando o funcionamento de todos os cargos públicos e as ações do governo. Aristóteles pensa a mistura de formas de governo, mistos, ocorrendo na realidade e atenuando, assim, os conflitos sociais.

Aristóteles antecipa aspectos que atravessam permanentemente a democracia, como se situar nos confrontos entre outras formas de regimes políticos e a tendência para se desenvolver em direções que levam a bons ou maus governos, além de se defrontar com a pressão do povo no espaço de participação pública.

Essa tradição democrática iniciada na Grécia Clássica se atenua durante a Idade Média e é reintroduzida no Renascimento. Na perspectiva romana medieval, juristas e práticas políticas incluem o debate da soberania popular: a Libertas Romana atualizada como liberdade contra o Império. Assim, Libertas não possuía o significado da liberdade moderna, mas o total repúdio ao mando de uma só pessoa, como ocorre nas monarquias. Referia-se ao fato de que o mando deve se originar das leis e instituições constituídas em comum pelos cidadãos[58]. Correlatamente, tem-se a condição de *libertinus* dada à prática de libertação do escravo, produzindo então o ex-escravo. Estabelecem-se, dessa forma, vínculos entre Roma e Idade Média, pois, em face da política de expansão imperial e, principalmente, a papal, várias cidades na Lombardia, na Toscana e outras regiões da península Itálica reagem às agressões em nome das "liberdades comunais", numa retórica de defesa da liberdade, antecipando o Renascimento. Nessa etapa da história ocidental ocorrem proposições de autogoverno republicano inspiradas na ideia de "governo da cidade, que supõe a prioridade do coletivo contra o individual e como forma de impedir a miserável servidão"[59].

Por sua vez, Thomas Hobbes (1588-1679), no *Leviatã*, entende o Estado como um poder soberano, indivisível e permanente que transforma a força em poder legítimo. Por outro lado, entende que o Estado é um animal artificial, uma obra de arte produzida pelos indivíduos, ou seja, abre espaço para a engenharia política que virá a ser o liberalismo. Assim, numa reação a Hobbes e à sua acepção de indivisibilidade e soberania do poder, no *Segundo Tratado sobre o Governo*, John Locke (1632-1704) propõe o poder político como poder de fazer leis e a divisão do poder político como tarefa principal do indivíduo racional, como escreve: "O grande objetivo da entrada do homem em sociedade consistindo na fruição da propriedade em paz e segurança, e sendo o grande instrumento e meio disto as leis estabelecidas nessa sociedade, a primeira lei positiva e fundamental de todas as comunidades consiste em estabelecer o poder legislativo [...]"[60] – pois somente assim pode-se preservar a sociedade de forma compatível com o bem público.

A divisão do poder em Executivo e Legislativo é o núcleo dessa nova invenção da política moderna, em seguida à invenção grega, uma vez que com o Legislativo se forma um só corpo político, dentro do qual a maioria tem o direito de agir e resolver por todos – um poder Legislativo como poder supremo da comunidade e representativo. Locke levanta assim os principais temas liberais – a liberdade natural dos homens, a igualdade natural, a defesa da propriedade, o contrato social, a proposição do regime representativo, as exigências da limitação da soberania e maneiras de controles do poder (pelo poder). Em uma complexa análise econômico-política, Locke segue o desenvolvimento da propriedade privada, do surgimento do dinheiro e das transformações do trabalho no estado da natureza e na história, deixando transparecer as relações entre liberalismo, capitalismo e individualismo.

Abrindo outras direções ao liberalismo clássico, Montesquieu (1689-1755), que avança na proposta da divisão do poder em três, acrescentando o poder Judiciário, e Alexis de Tocqueville (1805-1859), que estuda o alcance da democracia na Europa e nos Estados Unidos, partem do utilitarismo e repõem a história como referência da análise, defendendo a coisa concreta contra as formulações liberais anteriores de direitos naturais e pacto social. Um retorno ao realismo político, carregado por certo desencantamento. A Revolução Americana (1776) gera uma Constituição para o país que efetiva historicamente a democracia ocidental, baseada no regime popular, republicano e democrático, numa revisão e aproximação com Montesquieu e que adota a democracia como o melhor regime político (em oposição à escolha da monarquia por Montesquieu) e acolhe o princípio da separação dos três poderes como forma de evitar a tirania ou o poder concentrado.

Mesmo considerando a democracia norte-americana como aquela que atinge o maior alcance, Tocqueville, em *A democracia na América,* aponta para fragilidades que nascem no interior da própria democracia: "O que mais critico no governo democrático, tal como foi organizado nos Estados Unidos, não é, como muitos na Europa pretendem, sua fraqueza, mas, ao contrário, sua força irresistível. E o que mais me repugna na América não é a extrema liberdade que lá reina, mas a pouca garantia que encontramos contra a tirania". Assim, a democracia alcança a contemporaneidade ocidental como um valor universal, mas envolvida em fragilidades institucionais, em busca de aprimoramentos, defesas desse regime político e, também, estudiosos e políticos que apontem seus limites e suas crises.

Para abordar a questão democrática na contemporaneidade, nos seus avanços, tensões e crises, vale destacar num primeiro momento dois pensadores que centralizam suas análises no significado da democracia: Joseph Schumpeter e Robert Dahl.

Joseph Schumpeter (1883-1950) foi um dos pioneiros na análise da democracia, sendo que para ele esse regime político se constitui fundamentalmente em um "modelo procedimental", desprovido de preceitos normativos. A democracia "seria um método político, ou seja, certo tipo de arranjo institucional para se alcançarem decisões – legislativas e administrativas – e, portanto, não poderia ser um fim em si mesmo, não importando as decisões que produza sob condições históricas dadas". Portanto, democracia seria um método de escolha dos governantes e não um valor ou um fim. A política seria assunto do político profissional, pois este tem conhecimento e discernimento sobre as questões políticas, enquanto o "cidadão comum" não possui esses referenciais. A liderança política possui um papel relevante em sua teoria.

Para Schumpeter, os partidos se caracterizam como grupos "cujos membros se propõem agir combinadamente na luta competitiva pelo poder político". Sua função é apresentar a liderança e regular a competição política. Segundo o autor, constituem-se em resposta "ao fato de a massa eleitoral ser incapaz de qualquer ação que não seja o 'estouro da boiada'".

Robert Dahl destaca-se como o cientista político que introduziu o conceito de "poliarquia", que seria compreendida como um regime que tem como objetivo apontar que a "teoria poliárquica" preocupa-se, principalmente, com as condições sociais necessárias a uma ordem democrática, pois, "na ausência de certas condições sociais prévias, nenhum arranjo constitucional pode criar uma república não tirânica. A história de inúmeros Estados latino-americanos constitui evidência suficiente". Esse autor propõe um direito à democracia em todas as instâncias da sociedade, considerando todas as esferas organizacionais e associativas.

Dahl também ressalta que encontramos dificuldades na democratização, pois existem desigualdades entre os homens: desigualdade social, econômica, entre outros fatores. Nesse sentido, o autor destaca que os representantes eleitos pelo povo não chegam efetivamente a representar seus eleitores, o que torna necessário críticas constantes às formas antidemocráticas presentes na sociedade. Portanto, a teoria da poliarquia envolveria condicionantes sociais, econômicos e cultura política que dificultariam sua efetivação, pelas desigualdades existentes entre os homens: "A condição de igualdade política evidentemente requer 'intercambialidade', isto é, o intercâmbio de igual número de indivíduos de um lado para o outro não afetaria o resultado da decisão. Mas como podemos saber se essa intercambialidade ocorre? Evidentemente, nenhuma decisão isolada nos fornece informações suficientes, pois, na melhor das hipóteses, ela só pode revelar que a Regra não está sendo seguida e que a igualdade política, portanto, não existiu durante essa decisão [...]". Portanto, existe em Dahl um movimento que vai do individual em direção ao coletivo para alocar as forças políticas em direção a uma poliarquia. Dahl propõe retirar do regime democrático suas maiores potencialidades para pensar uma "democracia maximizadora".

Nesse sentido, Dahl arrola aspectos que envolvem a efetivação da poliarquia nos estágios eleitoral e entre eleições, mesmo reconhecendo que nenhuma organização humana satisfaça todas essas condições:

1. Todos os membros da organização praticam atos que supomos constituírem uma manifestação de preferência entre as alternativas apresentadas, isto é, votam.
2. Na tabulação dessas manifestações (votos) é idêntico o peso atribuído à opção de cada indivíduo.
3. A alternativa que consegue o maior número de votos é declarada a opção vencedora. [...]
4. Qualquer membro que percebe um conjunto de alternativas, pelo menos uma das quais considera preferível a qualquer uma das alternativas na ocasião apresentadas, pode inseri-la(s) entre as apresentadas à votação. [...]
5. Todos os indivíduos devem possuir informações idênticas sobre as alternativas. [...]
6. As alternativas (líderes ou políticas) que tiverem o maior número de votos substituem quaisquer alternativas (líderes ou políticas) que receberam um número menor.
7. As ordens dos servidores públicos eleitos serão executadas. [...]

8.1. Ou que todas as decisões tomadas entre as eleições sejam subordinadas ou executórias durante a fase da eleição, isto é, as eleições são em certo sentido controladoras:

8.2. Ou que novas decisões tomadas durante o período entre eleições sejam determinadas pelas sete condições precedentes, operando, contudo, sob circunstâncias institucionais muito diferentes:

8.3. Ou ambas as coisas.

Em síntese, a poliarquia pode ser compreendida como "... um regime político que equilibra a liberalização e a democratização. Isto é, um conjunto de instituições que asseguram as liberdades individuais e/ou dos grupos, assim como os direitos de cidadania, sem discriminações. Nesse sentido, denomina-se poliarquia o sistema político no qual combinam os direitos de expressão, manifestação, associação, dissensão em face da política governamental e do direito de cada cidadão de votar e ser eleito em eleições livres e regulares"[61].

Vale destacar o pensamento de Bernard Manin, que indica a ocorrência de mudanças significativas nos mecanismos de representação na trajetória desde as origens do governo representativo, no final do século XVIII, até o final do século XX, no tocante às formas de representação e escolha dos governantes. A representação política está passando por uma crise nos países ocidentais: antes havia uma relação de confiança entre o eleitorado e os partidos políticos, atualmente o eleitorado tende a votar de modo diferente de uma eleição para outra; antes a grande maioria dos eleitores se identificava com um partido e se mantinha fiel a este, atualmente pode-se constatar, por meio de pesquisas de opinião, que aumentou o número de eleitores não identificados com partidos políticos; antes a diferença entre os partidos políticos parecia reflexo das clivagens sociais, atualmente são os partidos que se impõem à sociedade de clivagens; antes os partidos políticos apresentavam um programa político aos eleitores e se comprometiam a cumpri-lo caso alcançassem o poder, atualmente a estratégia eleitoral dos candidatos e dos partidos é apresentar a construção de um programa político vago que projeta a personalidade dos líderes. Segundo o autor, atualmente "Os políticos chegam ao poder por causa de suas aptidões e de sua experiência no uso dos meios de comunicação de massa, não porque estejam próximos ou se assemelhem aos seus eleitores".

Na avaliação de Manin, a representação política e os partidos políticos estariam passando por uma crise sem precedentes. Se no século XVIII e começo do XIX predominava um governo representativo de tipo parlamentar, em meados do século XIX e no século XX havia uma democracia de partido, em que os partidos ganham destaque. Atualmente predominaria uma democracia do público, os partidos políticos perderiam sua importância, prevalecendo a escolha dos candidatos por suas características pessoais, pois "...cada vez mais os eleitores tendem a votar em uma pessoa, e não em um partido".

Os próprios candidatos tendem a se comunicar diretamente com seus eleitores, por meio do rádio e da televisão, dispensando a mediação de uma rede de relações partidárias. Na democracia do público, "os candidatos vitoriosos não são os de maior prestígio local, mas os 'comunicadores', pessoas que dominam as técnicas da mídia. O que estamos assistindo hoje em dia não é a um abandono dos princípios do governo representativo, mas a uma mudança do tipo de elite selecionada: uma elite está tomando o lugar dos ativistas e líderes de partido. A democracia do público é o reinado do 'comunicador'".

Portanto, Manin mostra o impacto das mídias na representação política e no jogo eleitoral. A transformação na Europa, a partir do final dos anos 1970, do que ele denomina de "democracia de partido", baseada na centralidade dos partidos no sistema político, no voto partidário e na existência de políticos de classe. A democracia de público é marcada pela presença da mídia, pela personalização política em detrimento dos partidos e dos programas políticos, pela presença de um eleitorado sem vínculos partidários e pela volatilidade do voto.

O declínio dos partidos e dos programas partidários transferiu a posição de principal fórum de debates do partido e do parlamento para os meios de comunicação. E, nesse processo, os candidatos passaram a cortejar o eleitor diretamente por meio do rádio e da televisão e, atualmente, das redes sociais, dispensando a mediação da rede de militantes do partido e estabelecendo uma nova relação entre políticos e eleitores por meio do uso intensivo de técnicas de comunicação que enfatizam a personalidade do candidato.

Tais procedimentos se tornaram possíveis porque, na "democracia de público", a imprensa de opinião (vinculada aos partidos) cedeu lugar aos meios de comunicação "neutros" em relação às agremiações políticas; o resultado dessa neutralização é que as pessoas passaram a receber, sem as clivagens partidárias, as mesmas informações sobre um dado assunto. No contexto de uma sociedade crescentemente complexa e fragmentada e marcada pelo declínio da política ideológica, da identidade partidária e da imprensa de opinião, os eleitores passaram a definir seu voto basicamente levando em conta as questões colocadas em jogo em cada eleição específica.

Paul Hirst aprofunda a discussão dos limites da democracia representativa como regime político. Para o autor, "Democracia é a noção que domina o discurso político na Grã-Bretanha, como em todos os países ocidentais. Todo mundo é democrata, sejam quais forem suas outras opiniões políticas, e os que têm um mínimo de preocupação com o sucesso político evitam cuidadosamente criticar a democracia, por medo do ostracismo".

Essa frase de Hirst apresenta a valorização do sistema democrático, mas também ironiza a adesão à democracia como uma opção não verdadeira, porém oportunista, para não se distanciar da opção da maioria dos países. Para o autor, "...não existe 'democracia' no singular, o que existe é uma variedade de doutrinas da democracia e uma variedade de mecanismos políticos e processos de decisão ditos democráticos".

No sentido clássico do termo, numa democracia representativa, o poder conferido à autoridade para agir em nome de alguém se dá por meio de eleições, ou seja, o mecanismo eleitoral é compreendido como uma forma de autorizar uma ação. Dessa forma, tal mecanismo de renovação se realiza em períodos determinados, o que significa que a autoridade tem o seu reconhecimento limitado a um período. Portanto, será por meio de eleições que a autoridade escolhida pelo voto popular poderá agir em nome de outros e que sua representação será legitimada.

No entanto, em seu livro *A democracia representativa e seus limites*, Hirst não só problematiza a democracia representativa, apontando suas características, suas limitações, mas também apresenta possíveis saídas para melhorar o sistema democrático. Para o autor, seria necessário que mecanismos corporativos de consulta e negociação fossem um suplemento vital para a democracia representativa na era dos grandes governos e dos interesses sociais organizados. Em sua avaliação, o corporativismo viria fortalecer, e não enfraquecer a democracia.

Podemos perguntar: "[...] que é democracia e para que serve? [...] dar expressão à vontade do povo". Portanto, "a democracia é um processo de decisão, e o povo usa esse mecanismo político para escolher as ações públicas que deseja que o governo empreenda". Um dos problemas levantados por Hirst, referente à democracia representativa e proporcional, é que, ao eleger um candidato ou partido, os eleitores não poderão escolher decisões ou políticas, pois o poder agora é de pessoas e partidos. "A partir do momento em que questionamos a noção de representação, a democracia moderna deixa de ser uma forma de poder delegado pelo povo e converte-se, ao contrário, numa forma de poder exercido por políticos profissionais e funcionários públicos sobre o povo, em que alguns desses governantes são periodicamente trocados pelo mecanismo da eleição."

Apesar das ponderações, o autor afirma que "mais vale um sistema muito falho de governo representativo que o melhor governo autocrático". "A democracia converte-se num conjunto de mecanismos políticos, entre os quais a representação por meio de eleições, de controle sobre o governo, deixando de ser vista como sendo, em si mesma, uma forma de governo popular", apesar de a democracia representativa atual possuir baixos níveis de controle, de prestação de contas e de influência popular nos processos de tomada de decisão."

Estamos acompanhando, na literatura atual da Ciência Política, a edição de vários livros publicados com a temática de crise da democracia. Podemos citar Mounk; Applebaum; Levitsky e Ziblatt; Castells; Runciman. Entre os autores que problematizam a crise da democracia, destacamos Steven Levitsky e Daniel Ziblatt. Eles problematizam as atuações dos governantes e analisam o significado da crise da democracia, destacando algumas ações desenvolvidas por governantes que assumem suas críticas ao regime democrático – entre elas, os autores destacam: "Rejeição das regras do jogo democrático (ou compromisso débil com elas); negação da legitimidade dos oponentes políticos; tolerância ou encorajamento à violência; propensão a restringir liberdades civis dos oponentes".

De Aristóteles até Levitsky, passando por Tocqueville e Dahl, vários pensadores políticos atestam que a democracia vem adquirindo crescente valor, sendo testada e criticada em diversas instâncias. Nesse contexto, verifica-se que, na atualidade, teóricos e governantes problematizam a montagem, a continuidade e a crise da democracia, enfrentando suas fragilidades e obstáculos para manutenção desse regime político. As instituições políticas democráticas estão sendo questionadas, o equilíbrio entre os poderes sofre constantes ataques, com o objetivo de desestabilizar o regime. Entretanto, continuam os esforços para atenuar as tensões que envolvem a democracia, uma vez que esse regime político, desde a sua origem na Grécia Clássica até os dias atuais, ganhou contornos civilizatórios de enfrentamento do poder arbitrário, confunde-se com a própria dimensão da política e tornou-se a argamassa da vida social do mundo ocidental.

[illegible] os poderes sofre constantes ataques, com o objetivo de desestabilizar o regime. Entretanto, continuam os esforços para atenuar as tensões que envolvem a democracia, uma vez que esse regime político, desde a sua origem na Grécia Clássica até os dias atuais, ganhou contornos civilizatórios de enfrentamento do poder arbitrário, confunde-se com a própria dimensão da política e tornou-se a argamassa da vida social do mundo ocidental.

Partidos e ideologia na política brasileira

José Paulo Martins Júnior*

A disputa política é marcada por dualidades. Muitas podem ser mencionadas, como, por exemplo, liberal-conservador, radical-moderado, libertário-autoritário, comunista-fascista, amigo-inimigo e, a que mais nos interessa aqui, esquerda-direita. Todas essas categorias são mobilizadas na disputa política – os adversários utilizam os termos das dicotomias para enaltecer características positivas de seu polo e criticar as características negativas do polo oposto.

As disputas políticas nas sociedades democráticas, desde o século XIX, quando a maioria nem sequer era democrática tal como entendemos hoje, foram marcadas pelo uso dessas dicotomias. No Brasil

* José Paulo Martins Júnior possui graduação em Ciências Sociais, mestrado e doutorado em Ciência Política pela USP. Atualmente é professor associado II do Departamento de Ciência Política da Universidade Federal Fluminense. Tem experiência nas áreas de estudos eleitorais e partidos políticos, atuando principalmente com eleições, partidos, Brasil, políticas públicas e relação entre os poderes.

não é diferente; desde o início das disputas eleitorais de massa é possível observar que a disputa política se dá, em grande medida, nesses termos.

A utilização das dicotomias vale tanto para eleitores quanto para partidos políticos. Ambos se posicionam em algum ponto do *continuum* estabelecido pelos polos e utilizam esse posicionamento para orientar seu comportamento político, seja em eleições, seja em decisões legislativas.

Não é raro ouvir alguém falar que as diferenças ideológicas estão ultrapassadas. Especialmente a noção esquerda-direita, surgida no âmbito da Revolução Francesa, na virada do século XVIII para o XIX, tem sido apontada como anacrônica e superada. Contudo, a disputa política brasileira dos últimos anos é clara ao mostrar a pertinência e a relevância dessa dicotomia, e é a ela que vamos nos dedicar neste capítulo.

Inicialmente, vamos tratar sobre a definição do posicionamento ideológico à esquerda e à direita. Depois veremos como eleitores, políticos e partidos se posicionam em uma escala esquerda-direita. Também vamos dar atenção à maneira como os eleitores entendem esses conceitos. Finalmente, vamos tratar da relação entre ideologia, eleitores e partidos nas eleições presidenciais brasileiras.

O que são esquerda e direita?

Uma das tarefas mais difíceis das ciências sociais é a definição de conceitos. Não existe uma definição correta ou definitiva de nenhum conceito social. O que existe são definições mais ou menos úteis para a compreensão da realidade que nos cerca.

Dessa forma, não é simples dizer o que é esquerda ou direita ou descrever como é ser de esquerda e como é ser de direita. Muito já foi escrito sobre esse tema, e dificilmente se chegará algum dia a um consenso sobre o assunto. Isso acontece porque as sociedades são dinâmicas, e o que é esquerda e direita hoje pode não ser a mesma coisa amanhã.

Só para situar a questão, inicialmente vamos circunscrever a noção de esquerda-direita à Europa do século XX. Até a Primeira Guerra Mundial, prevaleceu um certo liberalismo político e econômico liderado pela Inglaterra; após o conflito, a situação já havia mudado bastante, com a Revolução Russa representando a chegada da esquerda ao poder e a ascensão do fascismo italiano e do nazismo alemão representando a chegada da direita.

No período entreguerras, o mundo ficou muito dividido entre estas três posições políticas – comunismo, liberalismo e fascismo, ou esquerda-centro-direita. A divisão foi tão profunda que só foi amenizada pelo conflito bélico iniciado em 1939. Ao longo da Segunda Guerra Mundial, liberalismo e comunismo se uniram e foram capazes de derrotar o fascismo. Após 1945, o mundo ficou mais simples, com apenas duas ideologias políticas dominantes, com o liberalismo tomando o espaço do fascismo à direita.

Com a derrota do fascismo tem início a Guerra Fria, o conflito entre o liberalismo e o comunismo. Esse conflito se desenrolou em diversas regiões com diferentes resultados. China, Cuba, Vietnã e Coreia do Norte se alinharam com a esquerda e o comunismo; Brasil, Chile, Filipinas e Coreia do Sul se alinharam com a direita e o liberalismo. Sabemos que esses alinhamentos não foram pacíficos e que muito sangue correu para que esses países tomassem essas posições.

Na Europa Ocidental capitalista, a ameaça comunista levou os países a criar um extenso Estado de bem-estar social, no qual as famílias trabalhadoras, além do direito de voto, conquistaram uma série de direitos sociais, como saúde, educação, salário mínimo e sindicalização. Em muitos casos, partidos mais próximos da esquerda, como os trabalhistas ingleses e a social-democracia alemã, chegaram ao poder em uma respeitosa alternância com a direita.

Anos depois, a partir de 1980, começa a se acentuar o declínio do império soviético. Foi nesse momento que ascenderam lideranças de direita e anticomunistas em vários locais, como Reagan nos Estados Unidos, Thatcher na Inglaterra, Kohl na Alemanha e Karol Wojtyla, o papa João Paulo II, no Vaticano. O trabalho dessas lideranças acentuou o desgaste soviético, até a queda do Muro de Berlim, em 1989, e a dissolução da União Soviética, em 1991. Esses eventos marcaram o fim da Guerra Fria e o deslocamento do pêndulo ideológico para a direita.

Essa breve digressão histórica foi apresentada com o intuito de mostrar que existe uma dinâmica ideológica no mundo. O centro pode se deslocar para a esquerda, como no fim da Segunda Guerra Mundial, ou para a direita, como no fim da União Soviética.

Em termos de valores, esquerda e direita podem ser definidas de várias formas. Em geral, a esquerda significa mais Estado, igualdade e transformações no *status quo*, a direita significa menos Estado, hierarquia e manutenção do *status quo*. De outra forma, é possível afirmar que a pessoa de esquerda é aquela que pretende, acima de qualquer outra coisa, libertar seus semelhantes das cadeias a eles impostas pelos privilégios de raça, casta, classe etc., ao passo que a pessoa de direita é aquela que se preocupa, acima de tudo, em salvaguardar a tradição[62].

É importante destacar que *esquerda* e *direita* são palavras que não representam conteúdos fixos e imutáveis. Esses termos têm significados diferentes, a depender do tempo e do lugar em que são empregados. Apesar dessa certa dinâmica conceitual, é possível dizer que o critério utilizado com mais frequência para distinguir esquerda e direita é a maneira como as pessoas encaram a ideia de igualdade.

Essa ideia de igualdade também não é absoluta. Quem fala em igualdade deve dizer quem são os sujeitos dela, o que deve ser dividido e qual é o critério de divisão. Seja lá quais forem as respostas a esses questionamentos, quando se afirma que a esquerda é igualitária e a direita não, não se quer dizer que a esquerda defende a ideia de que as pessoas devem ser absolutamente iguais em tudo.

Como exemplo do que se afirmou anteriormente, algumas conquistas da esquerda estão relacionadas aos direitos sociais. O direito à educação, ao trabalho e à saúde tem como objetivo reduzir a desigualdade entre os indivíduos.

A direita, por sua vez, tem como valor mais caro a liberdade. É possível citar diversos exemplos em que uma regra que busca a igualdade fere a liberdade. Entre eles, a imposição de uma educação ou de um transporte públicos feriria a liberdade de escolha de uma escola ou de transporte privados. De certa forma, é possível dizer que os ideais de igualdade e liberdade não podem ser realizados em sua plenitude sem que um limite as possibilidades de realização do outro.

Vale destacar as palavras de Bobbio sobre a relação entre liberdade e igualdade. Para esse autor, "em geral, qualquer extensão da esfera pública por razões igualitárias, na medida em que precisa ser imposta, restringe a liberdade de escolha na esfera privada, que é intrinsicamente inigualitária, pois a liberdade privada dos ricos é muito mais ampla que a liberdade privada dos pobres. A perda de liberdade golpeia naturalmente mais o rico do que o pobre, para quem a liberdade de escolher o meio de transporte, o tipo de escola, o modo de se vestir, está habitualmente impedida, não por uma imposição pública, mas pela situação econômica interna à esfera privada".

Finalmente, para encerrar esta seção, podemos introduzir também a noção de moderação e extremismo. Tanto esquerda quanto direita possuem doutrinas e movimentos que podem estar enquadrados nessas duas modalidades de ação. Dessa forma, teremos quatro posições ideológicas distintas: extrema esquerda, que se caracteriza por ser igualitária e extremista; centro-esquerda, que é igualitária e moderada; centro-direita, que se caracteriza por ser inigualitária e moderada; e a extrema direita, que é inigualitária e extremista.

A posição ideológica de eleitores e partidos

Não é simples enquadrar pessoas e organizações em posições ideológicas. A maneira mais fácil é perguntar – tendo em vista, porém, que os conceitos de esquerda e direita não são rígidos e que, além disso, seu entendimento varia de pessoa para pessoa. Apesar disso, inúmeras pesquisas procuram medir o autoposicionamento ideológico de eleitores e partidos. A principal delas, aplicada a cidadãos de todo o Brasil por meio de amostras representativas do universo de eleitores do país, é o Estudo Eleitoral Brasileiro (Eseb). A pesquisa é realizada sob a coordenação do Centro de Estudos de Opinião Pública (Cesop), vinculado à Universidade Estadual de Campinas (Unicamp).

Em todas as rodadas do Eseb, desde 2002 até 2018, foram feitas perguntas sobre a posição ideológica do respondente. As perguntas têm formulações com o seguinte formato: "Pensando em esquerda e direita na política, como o(a) sr.(a) se considera? Lembrando que zero significa que o(a) sr.(a) é de esquerda e 10 que o(a) sr.(a) é de direita".

Para efeito de análise, nós consideramos os valores de 0-3 como sendo esquerda, de 4-6 como sendo centro e de 7-10 como sendo direita.

Os resultados mostram que uma parcela muito expressiva não sabe se posicionar ideologicamente. Os índices oscilaram bastante: 23% em 2002, 42% em 2006, 45% em 2010, 44% em 2014 e 21% em 2018. Uma explicação para o aumento do índice entre 2002 e 2006 é que muitos brasileiros acreditavam que ser de esquerda era ser oposição e que ser de direita era ser governo. Quando a esquerda chegou ao poder, muitos perderam o referencial que tinham para se posicionar. A queda do índice em 2018 pode ser explicada pelo crescimento da direita. É possível dizer que a direita brasileira saiu do armário a partir da crise política inaugurada com a reeleição de Dilma Rousseff.

De fato, como pode ser visto no gráfico 1, ocorreu uma significativa expansão no índice de eleitores que se considera de direita. O gráfico traz os percentuais baseados apenas entre aqueles que se posicionaram, ou seja, exclui os que não souberam responder. Observa-se uma oscilação nos índices, mas é inegável que há tendências de queda na esquerda e no centro e uma expressiva ascensão da direita, que atinge o pico de 55% em 2018.

Gráfico 1 – Autoposicionamento ideológico

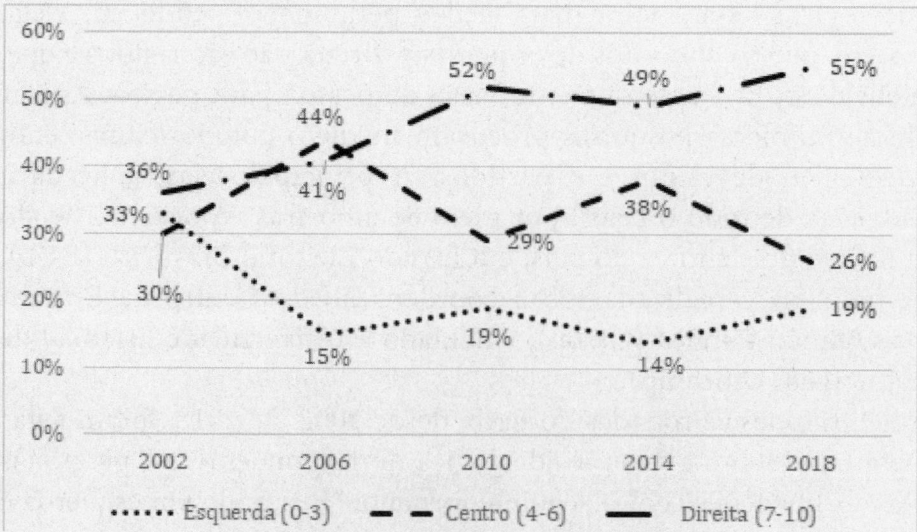

Fonte: Estudo Eleitoral Brasileiro – Eseb

Sobre o que significa esquerda e direita para o eleitorado brasileiro, uma boa abordagem é o trabalho de Singer. Ele procura mostrar que, como dissemos anteriormente, "o que divide esquerda e direita no debate político é que a esquerda deseja mudanças em favor de maior igualdade, enquanto a direita prefere brecar essas mudanças em nome da ordem". Em sua investigação, Singer procura desvendar os significados atribuídos pelos eleitores aos conceitos aqui analisados. Os resultados indicam que os brasileiros têm dificuldade nessa questão. Muitos dizem que esquerda é errado, é negativo, e que a direita é o certo, o melhor.

O diagnóstico de que os brasileiros não sabem definir o que é esquerda e direita levou Singer a investigar quais são as posições políticas dos que se consideram de esquerda e de direita para entender as diferenças. Ele descobriu que o eleitorado brasileiro tende a posições igualitárias, independentemente da posição ideológica, e que a grande diferença está na questão da ordem. A esquerda quer a mudança ocorrendo de baixo para cima, sob pressão de movimentos sociais, como os sindicatos, os sem-terra e os sem-teto, mesmo que isso cause alguma desordem. A direita prefere que tudo ocorra de cima para baixo, a partir da ação governamental, dentro da ordem. Ele aponta também que a direita brasileira era, no final dos anos 1990, estatista, algo que certamente mudou ao longo do século XXI.

Outro autor importante que tratou do uso de ideologia por eleitores e partidos foi Downs. Para ele, a ideologia tem papel importante tanto para os eleitores como para os partidos, porque é definida como uma imagem verbal da boa sociedade e dos principais meios de construir tal sociedade. Ela é tratada como um meio para chegar ao poder. A ideologia livraria o eleitor de estar sempre informado sobre uma ampla gama de questões, porque ele escolhe uma ideologia e vota de acordo com ela; contudo não é possível separar ideologia e partido, porque este toma a ideologia que acredita que atrairá mais votos.

Existe uma ampla gama de ideologias à disposição dos partidos, tantas quanto mais heterogênea for a sociedade e quanto mais inevitável for o conflito social. Se a isso for somada a incerteza, que impossibilita que se saiba qual combinação ideológica é capaz de formar a maioria, teremos muitas opções ideológicas.

Apesar de tratá-la como um meio de chegar ao poder, Downs considera que ela deve ser consistente tanto internamente como em relação às políticas concretas adotadas pelos partidos. Sendo assim, o autor aponta que a ideologia dos partidos deve ser relativamente coerente e imóvel – relativamente porque a sociedade é dinâmica e está em constante transformação, novas questões entram em cena e as ideologias precisam, de uma forma ou de outra, se adaptar a essas novidades. Via de regra, as ideologias partidárias estão defasadas em relação ao que de fato acontece na sociedade, e sempre surgem, no interior dos partidos, conflitos entre a manutenção da pureza ideológica e a vitória nas eleições.

Downs adapta a noção de mercado espacial para a política. Reduzindo as questões políticas a uma escala esquerda e direita, é possível avaliar a posição de eleitores e partidos. Existem diversas configurações ideológicas possíveis, e cada sociedade tem a sua, dependendo de fatores históricos, sociais, culturais, psicológicos e econômicos. Os eleitores podem estar concentrados no centro, nas duas extremidades, em uma das extremidades, igualmente distribuídos em toda a escala, enfim, muitas configurações são possíveis. Dessa forma, o número de partidos passa a depender das regras do jogo.

Se existem barreiras legais à criação de novos partidos e se o sistema eleitoral for majoritário, a tendência é o bipartidarismo; por outro lado, se existem poucas barreiras para o surgimento de novos partidos e o sistema eleitoral for proporcional, a tendência é o pluripartidarismo. No entanto, Downs pondera que o sistema eleitoral pode ser tanto a causa como o resultado da distribuição dos eleitores ao longo da escala.

Fica claro na análise downsiana que a distribuição dos eleitores na escala e o sistema eleitoral são centrais para determinar quantos partidos uma democracia deve ter. Em sistemas multipartidários, os partidos se acomodam ideologicamente, até que a distância entre eles seja equivalente, e eles se empenharão em se distinguir ideologicamente. Nos sistemas bipartidários, os partidos tendem a se aproximar e a se parecer ideologicamente. Para o autor, é mais racional o voto ideológico em sistemas multipartidários, porque nesses casos fica claro qual é a posição de cada partido, enquanto para eleitores de sistemas bipartidários a distinção é mais difícil. Isso pode levá-los a tomar decisões com base em outras questões, como personalidade do candidato, tradição familiar, lealdade a amigos e políticos. Outro aspecto relevante com relação a sistemas multipartidários e governos de coalizão é que, se a ideologia é marcada na plataforma política dos partidos, no governo ela fica esmaecida.

A situação se torna mais complicada para o eleitor votar racionalmente, tendo como base a ideologia, quando são levados em conta governos de coalizão. Em sistemas pluripartidários, pode acontecer de nenhum partido ter a maioria e ser obrigado a compor com outro partido para obtê-la. O fato de ser possível a realização de coalizões governamentais transforma a tarefa de seleção racional de um partido ou candidato ainda mais difícil, porque as combinações possíveis são numerosas, e, muitas vezes, não fica claro para o eleitor qual será o resultado do seu voto. Custa mais caro e demanda mais tempo estar informado também sobre como votarão os demais eleitores para a partir daí calcular o voto. "Há uma pressão contínua para que os eleitores sejam irracionais, isto é, parem de considerar as eleições como mecanismos diretos de seleção de governo. Essa pressão é especialmente forte se o número de coalizões prováveis for grande e se suas variações de políticas forem extensas. Assim, a complexidade de tentar descobrir como construir o governo mais favorável possível pode levar cada eleitor simplesmente a apoiar seu partido favorito e deixar a seleção do governo para a legislatura."[63]

A análise de Downs é de grande valia para a compreensão do processo eleitoral brasileiro a partir de 1994. Apesar de termos um sistema multipartidário, no qual os partidos deveriam ter posições ideológicas mais claras, as experiências eleitoral e governamental que temos diluem as ideologias partidárias. Sem dúvida, os principais partidos sempre buscaram uma diferenciação ideológica, mas as experiências de alianças eleitorais e coalizões de governo amplas enfraquecem a ideologia como critério para avaliar candidaturas e governos.

Algumas pesquisas já foram realizadas para posicionar os partidos em uma escala esquerda-direita. A tabela 1, a seguir, apresenta resultados de três pesquisas. Os estudos de Wiesehomeier e Benoit (2007) e da Associação Brasileira de Ciência Política – ABCP (2010) foram realizados com especialistas no assunto, que responderam a um formulário em que se pedia que localizassem os partidos brasileiros, o primeiro em uma escala de 1 (esquerda) até 20 (direita) e o segundo em uma escala de 1 (esquerda) até 7 (direita). A terceira pesquisa, a Pesquisa Legislativa Brasileira – PLB (2013), foi realizada com parlamentares, na qual eles mesmos localizavam seus partidos em uma escala de 1 (esquerda) até 10 (direita).

Como pode ser observado, existe uma coerência entre os diversos estudos, com pequenas variações entre eles. Além disso, existe uma clara percepção da existência de diferenças ideológicas entre os diversos partidos, tanto entre especialistas como entre os políticos.

Tabela 1 – Posicionamento ideológico dos partidos

Partidos	Wiesehomeier e Benoit (2007)	ABCP (2010)	PLB (2013)
Psol	2,95	1,4	2
PCdoB	4,96	2,3	1,46
PT	6,37	2,9	2,62
PSB	7,5	3	3,43
PDT	8,38	3,3	4,5
PPS	10,38	4	3
MDB	11,5	4,2	4,58
PSDB	13,46	4,6	4,1
PTB	13,6	5	4
PSC	15,62	5,2	6
PP	16,78	6	6
DEM	17,33	6,2	6,4

Fontes: Wiesehomeier e Benoit (2007); ABCP (2010); PLB (2013)

Ideologia, partidos e voto nas eleições presidenciais brasileiras

Como vimos, ideologia importa para eleitores e partidos. Diante disso, como ela pode influenciar os resultados de uma eleição? Para começar a responder a essa questão, precisamos ter em mente que o Brasil tem mais de trinta partidos políticos registrados e aptos a concorrer às eleições. Mesmo em disputas em dois turnos, como são as nossas eleições para presidente, é muito comum a realização de alianças eleitorais. No quadro 1, a seguir, apresentamos as coligações que apoiaram os dois candidatos mais votados nas eleições brasileiras desde 1989 até 2018.

O primeiro fato a chamar a atenção é a presença do PT entre os dois primeiros em todas as eleições. Não é por acaso que o PT é um dos partidos que mais mobilizam a opinião pública brasileira, tanto para o bem como para o mal. É o partido com mais simpatizantes e antipatizantes. Vale observar o padrão de alianças eleitorais do partido. Quando perde, como foi em 1989, 1994, 1998 e 2018, o partido realiza alianças apenas com partidos de esquerda. Quando o PT ganha, que foi o caso em 2002, 2006, 2010 e 2014, estabelece alianças com partidos de centro e de direita.

O principal adversário do PT nas eleições foi o PSDB. O partido também foi bem-sucedido quando conseguiu estabelecer uma ampla aliança entre centro e direita. Foi assim em 1994 e 1998, quando o PSDB ganhou e a aliança do PT era formada por partidos só de esquerda. Nos embates seguintes, entre 2002 e 2014, o PSDB continuou sua estratégia de alianças, mas o PT, a partir da esquerda, foi capaz de construir arcos mais amplos e ganhar a eleição.

As disputas de 1989 e 2018 foram as únicas até agora a não opor PSDB e PT. Nelas, os adversários dos petistas formaram alianças só com partidos de direita. Infelizmente, não temos dados do posicionamento ideológico dos eleitores em 1989, mas sabemos que a campanha de Collor, especialmente no segundo turno, apelou para o medo do comunismo, que seria representado pela candidatura esquerdista de Lula. O mesmo temor foi explorado na campanha de 2018. Bolsonaro conseguiu alcançar a vitória mesmo isolado na direita, assim como aconteceu com Collor. Quando observamos o posicionamento ideológico representado na tabela 1, apresentada anteriormente, podemos verificar que era de direita a maioria dos eleitores que se posicionaram em 2018. O mesmo já havia acontecido em 2010, mas a diferença foi muito grande entre os que não se posicionaram – eram mais de 40% em 2010 e pouco mais de 20% em 2018. Esses dados nos permitem afirmar que Bolsonaro conseguiu ocupar um espaço ideológico vencedor, mesmo sem alianças com o centro.

Quadro 1 – Candidatos e coligações nas eleições presidenciais brasileiras

Eleições presidenciais	
1989	
Candidato	Partido
Collor	PRN-PST-PSC-PTR
Lula	PT-PSB-PCdoB
1994	
Candidato	Partido
FHC	PSDB-PFL-PTB
Lula	PT-PSB-PV-PPS-PCdoB-PCB-PSTU
1998	
Candidato	Partido
FHC	PSDB-PFL-PMDB-PPB-PTB-PSD-PRP-PSL-PST-PRTB
Lula	PT-PDT-PSB-PCdoB-PCB
2002	
Candidato	Partido
Lula	PT-PL-PMN-PCdoB-PCB
Serra	PSDB-PMDB
2006	
Candidato	Partido
Lula	PT-PRB-PCdoB
Alckmin	PSDB-PFL-PPS
2010	
Candidato	Partido
Dilma	PT-PMDB-PDT-PCdoB-PSB-PR-PP-PSL-PPR-PRB-PSC-PTC-PTN
Serra	PSDB-DEM-PPS-PMN-PTdoB-PTB
2014	
Candidato	Partido
Dilma	PT-PMDB-PSD-PP-PR-PDT-PRB-PROS-PCdoB
Aécio	PSDB-DEM-SD-PMN-PTdoB-PTB-PEN-PTN-PTC
2018	
Candidato	Partido
Bolsonaro	PSL-PRTB
Haddad	PT-PCdoB-PROS

Fonte: TSE

Considerações finais

Como vimos, o debate político é marcado por dicotomias. Entre elas, uma das mais perenes é a da direita-esquerda. Desde o século XVIII, essas noções são utilizadas para defender e atacar posições políticas. Muitos já decretaram no passado a superação dessas noções, contudo a situação política que vivemos em 2022 no Brasil mostra que elas continuam atuais.

É verdade que existe uma parcela significativa de brasileiros que não sabe se posicionar em uma escala esquerda-direita. Os percentuais sempre foram acima de 20%, chegando a ultrapassar os 40% em alguns anos eleitorais. Apesar disso, foi encontrado na pesquisa do Eseb, realizada na última eleição presidencial, o menor índice da série histórica. Entre os eleitores que souberam se posicionar, observamos tendência de queda nas posições de esquerda e de centro e de crescimento nas posições de direita, que atingiram o pico na eleição de 2018.

Também foram apresentados dados de classificação ideológica dos partidos brasileiros, tanto realizadas por especialistas como feitas a partir das opiniões dos políticos. As classificações de especialistas e de políticos apresentam algumas diferenças, mas, de forma geral, são consistentes e coerentes com o comportamento dos partidos em eleições e no parlamento.

A maneira como os eleitores mobilizam os conceitos de esquerda e direita para se posicionar e para avaliar e votar em algum partido não é simples de desvendar. A ideologia pode ser utilizada como um atalho de informação, tornando menos custoso o processo de decisão política. Porém, no caso brasileiro, a seleção de candidatos com base no critério ideológico é difícil, por dois motivos principais. Primeiro, em geral, os principais candidatos concorrem em amplas alianças partidárias, que abarcam mais de um campo ideológico. Segundo, os governos de coalizão também reúnem partidos de campos ideológicos distintos.

Até aqui, a única exceção parece ser a eleição e o governo de Jair Bolsonaro. Ele conseguiu se eleger em uma aliança apenas de partidos de direita, se manteve à direita durante toda a campanha eleitoral e realiza um governo de direita apoiado apenas por partidos de direita.

Talvez Bolsonaro tenha sido bem-sucedido em galvanizar uma direita que antes era receosa em sair do armário, em virtude da sua associação com a ditadura militar brasileira. O que é certo é que a direita brasileira está mais forte do que nunca e exigirá um reposicionamento da esquerda, o que fará com que se reforcem esses conceitos no imaginário do eleitorado do Brasil.

As ideologias ainda fazem sentido? Uma proposta de classificação dos partidos brasileiros

Helcimara Telles*

Carlos Freitas**

Ideologias importam para definir quais forças políticas, quando agregadas em grupos, obtiveram mais êxito, independentemente da percepção que o eleitor tenha sobre ideologia e de suas dificuldades para se autoposicionar em uma delas. As teorias sociológicas, psicossociológicas e da escolha racional inserem no debate a centralidade da variável ideológica. Contudo, não se pode inferir sobre o desempenho dos partidos somente por meio dos vieses ideológicos, pois, muitas vezes, as decisões do eleitor nas eleições municipais são conduzidas por informações incompletas sobre a realidade nacional.

* Helcimara Telles é cientista política, doutora em Ciência Política pela USP, professora da Universidade Federal de Minas Gerais e presidente da Associação Brasileira de Pesquisadores Eleitorais (Abrapel).

** Carlos Freitas é jornalista, mestre em Ciência Política pela Universidade Federal de Minas Gerais e atua como jornalista na Câmara Municipal de Belo Horizonte.

E o espírito dos tempos – signos de mudança ou permanência – se reflete no voto e nas estratégias das disputas municipais.

Assim, o capítulo apresenta uma discussão sobre a atualidade das ideologias como categorias válidas para entender os resultados eleitorais. Apresentamos, também, a nossa classificação para o caso brasileiro, com base em pesquisas empíricas e teóricas tratadas pela literatura e achados sobre o desempenho dos blocos ideológicos nas eleições municipais brasileiras.

As ideologias ainda fazem sentido para classificar partidos?

O que diz a literatura sobre direita e esquerda:

Desde o trabalho de Downs (de 1957), é comum que os estudos sobre o comportamento político e as estratégias partidárias distribuam os partidos em um espaço de competição unidimensional, que vai da esquerda à direita. Mais do que isso, trabalhos comparativos de análise política em vários países demonstram que as elites políticas e parcela do eleitorado são capazes de se reconhecer na escala ideológica e a utilizam para definir suas estratégias de ação[64]. Com relação à ideologia do eleitorado, cabe citar o estudo empreendido pela European Social Survey no ano de 2004. De acordo com essa pesquisa, uma média de 88% dos respondentes em mais de vinte países eram capazes de se localizar em termos de esquerda e direita (Mair, 2007). Já no Uruguai, Selios e Vairo (2012) demonstram que os eleitores que se autoclassificam como de esquerda na escala ideológica (1 a 3, em uma escala de 10 pontos) possuem 30% mais chances de votar na Frente Ampla (FA) que eleitores de direita, enquanto aqueles que se classificam como de direita (acima de 7) possuem 49% menos chances de votar na FA e 50% mais chances de votar nos partidos tradicionais (Colorado e Nacional).

No que diz respeito ao Brasil, Tarouco e Madeira[65] demonstram que *surveys* aplicados a especialistas com o objetivo de classificar os partidos na dimensão esquerda-direita coincidem com o autoposicionamento dos políticos nessa mesma escala, permitindo concluir "que a localização dos partidos brasileiros na dimensão esquerda-direita é suficientemente uniforme para ser considerada válida". A ideologia também é capaz de esclarecer o comportamento parlamentar brasileiro em determinados períodos. De acordo com Roma[66], para os sete partidos com mais cadeiras na Câmara dos Deputados nas legislaturas 48 a 51 (1987-2003), por exemplo, "a ideologia prediz corretamente quase a totalidade dos votos registrados em Plenário". Ainda segundo ele, tendo em vista que partidos e deputados pautam seu comportamento em orientações ideológicas, "os eleitores têm os meios necessários para avaliar a reputação ideológica das organizações partidárias e seus respectivos candidatos que competem por seu voto".

Estudos[67] apontam que a dimensão ideológica é relevante para o comportamento dos partidos. Eles chegam a tais conclusões a partir das análises de resultados empíricos obtidos com elites parlamentares, *experts* e eleitores, bem como por meio da análise das plataformas políticas e dos dados econômicos de 25 países, no caso da pesquisa empreendida por Haupt. Mas, se os cidadãos, conforme propõe Downs, sentem-se satisfeitos quando o partido incumbente adota políticas coerentes com a ideologia que serviu de atalho para a decisão de voto, cabe perguntar: qual é o caráter substantivo dos termos direita, centro e esquerda, isto é, o que cada posição na escala representaria em termos de preferências por programas e políticas? Uma resposta plausível estaria na proposição do próprio autor, que afirma que "a extremidade esquerda da escala representa controle governamental pleno e a extremidade direita significa um mercado completamente livre". Essa seria uma classificação "quase universalmente conhecida como exata", destaca ele[68].

Porém, para além do critério econômico relativo ao nível de intervenção estatal esperado, outras características podem ser usadas como definidoras dos conceitos de direita e esquerda. Como aponta Sartori, os partidos de esquerda podem ser qualificados por apoiar políticas de bem-estar social e de nivelamento socioeconômico, enquanto a direita as rejeita. Nesse mesmo sentido, Mair[69], a partir das proposições de Fuchs e Klingemann, lembra que, a despeito de outras correlações possíveis, a esquerda é associada a mudanças em direção a maior igualdade social, política e econômica, e a direita é classificada como oposta a tais alterações. É importante perceber, contudo, que os significados dos termos esquerda e direita variam de acordo com o contexto histórico no qual estejam inseridos. Se, como coloca Sartori, na década de 1950, a esquerda era associada à mudança e a direita à manutenção do *status quo*, por outro lado, como lembra Mair, nas repúblicas socialistas europeias, no período da transição para o capitalismo, no fim do século XX, não cabia à direita a conservação do *status quo*. A mudança naqueles países estava associada à redução da igualdade e à intervenção estatal.

Ainda assim, vemos a resiliência dos termos esquerda e direita, o que, segundo Mair, pode ser explicado por duas razões principais: a primeira diz respeito ao fato de que, se há momentos em que a dimensão esquerda-direita perde muito de sua essência e potência, não há um conjunto de referenciais potencialmente mais adequado para substituí-la. A segunda razão remete ao fato de que, a despeito das múltiplas ambiguidades que os termos possam ter, eles continuam a elucidar diferentes padrões de coalizão e têm tido sucesso em esclarecer distintas decorrências das políticas, além de escolhas e transformações eleitorais.

E, nesse sentido, pode-se argumentar que não é a despeito da flexibilidade exposta que os termos esquerda e direita se mostram tão duradouros, mas sim que é justamente essa capacidade de acomodar novas questões e novos padrões de competição que faz com que eles continuem relevantes ao longo do tempo (Mair, 2007; Sartori, 1982). E, como propõe Sartori, "embora as pessoas se localizem, e aos partidos, em pontos diferentes do espectro esquerda-direita por múltiplas e confusas razões, elas fixam realmente – sempre que as opções ou o calor ideológico aumenta – posições espaciais". Portanto, a partir do exposto, entendemos que esquerda e direita permanecem relevantes para explicar o comportamento de parcela dos partidos em uma grande quantidade de países, inclusive no Brasil, possibilitando classificações ideológicas e, ainda, sendo possível associá-los a questões substantivas em variadas dimensões, como a econômica, constitucional (liberdades civis, direitos individuais), de igualdade e bem-estar.

Se a esquerda e a direita parecem ser mais facilmente enquadradas quanto às suas características definidoras, o centro político, por vezes, é objeto de certa controvérsia na literatura. Posicionar-se ao centro do espectro político permite a um partido aliar-se com maior facilidade aos governos tanto de direita quanto de esquerda, tendo em vista a proximidade espacial com ambos. Como propõe Bobbio, "o próprio centro, ao se definir nem como direita nem como esquerda, e não podendo se definir de outro modo, pressupõe a antítese e extrai da existência dela a sua própria razão de existir".

Ora, ao tomarmos a estrutura política a partir da diferenciação ideológica, o espaço do centro, que se define pela negativa tanto da direita quanto da esquerda, acaba por funcionar como o ponto de encontro entre ambos os posicionamentos ideológicos: tese e antítese que fazem desse espaço de convergência a síntese de duas ideologias opostas. Esse processo tem como resultado o surgimento de um campo político hábil em formar coalizões de governo e alianças eleitorais à direita ou à esquerda, de modo a produzir respostas pragmáticas aos problemas da sociedade, de acordo com as demandas conjunturais. Além disso, ao adaptar sua plataforma programática à flutuação da opinião pública e ao apresentar, em campanhas, propostas difusas, em que os programas dos adversários são, em geral, preservados de críticas incisivas para que se mantenha aberta a possibilidade de alianças futuras, a trajetória dos partidos em direção ao centro político enseja no eleitorado o sentimento de que os partidos são indistinguíveis entre si. Esse sentimento é típico de sistemas partidários em que as agremiações, ao caminharem para o centro do espectro político, reduzem, na perspectiva do eleitor, as diferenças entre si.

Devemos atentar para o fato de que os partidos, ao restringirem o espaço que separa agremiações oriundas da esquerda daquelas advindas da direita, acabam por abrir portas para o surgimento e crescimento de partidos ideológicos e, algumas vezes, com discurso antissistema. Ou seja, o atual aumento de opções eleitorais de extrema direita, não só no Brasil, como em diversas democracias ao redor do mundo, pode ser uma resposta à tendência de partidos de direita e de esquerda do *mainstream* político caminharem para o centro. Ao testar opções à esquerda e à direita e sem perceber, nas ofertas partidárias estabelecidas, soluções concretas em situações de crise, o eleitorado tende a testar novas ofertas.

A distribuição espacial dos partidos brasileiros no espectro ideológico *na literatura*

Um considerável número de estudos busca classificar os partidos políticos brasileiros com base em seu posicionamento ideológico. Para tanto, são analisados os documentos partidários oficiais, como programas, manifestos e estatutos; retóricas de campanhas eleitorais; coligações eleitorais; coalizões de governo; autoposicionamento de elites partidárias nacionais e subnacionais; classificação por *experts*; opiniões de eleitores; comportamento em Plenário; análise da gênese, da trajetória e de eventos cruciais na história dos partidos; entre outros. Com base em tais estudos, as legendas são, em geral, dispostas em duas, três, cinco ou sete categorias ideológicas. Assim, há esforços de pesquisa que utilizam a díade ideológica para categorizar os partidos; outros acrescentam o centro entre a disjuntiva esquerda-direita; existem, ainda, aqueles que ampliam a divisão ideológica com a inclusão das categorias centro-direita e centro-esquerda; e, por fim, há pesquisas que trabalham com sete categorias: extrema esquerda, esquerda, centro-esquerda, centro, centro-direita, direita e extrema direita.

Nos muitos estudos classificatórios, há partidos sobre os quais não costuma haver divergências importantes quanto à sua categorização: Partido Socialismo e Liberdade (Psol), Partido Comunista do Brasil (PCdoB) e PT, por exemplo, ocupam a parte esquerda da escala, enquanto o Partido Progressista (PP), o Democratas (DEM) e o Novo ocupam a direita. Quanto a isso, há razoável consenso na comunidade acadêmica. Há, contudo, variações interessantes a serem observadas, seja ao longo do tempo, seja em decorrência dos diferentes métodos de análise.

Entre os métodos mais recorrentes para distribuir ideologicamente os partidos está a aferição do autoposicionamento das elites parlamentares em uma escala. Entre os esforços nesse sentido, o que conta com a maior série histórica do Brasil é a Pesquisa Legislativa Brasileira (PLB)[70], um projeto de *survey* aplicado em todas as legislaturas da Câmara dos Deputados de 1990 até 2017, por meio do qual os legisladores posicionam a si mesmos e aos partidos políticos em uma escala de 1 (esquerda) a 10 (direita). Ao longo dos anos, é possível perceber variações interessantes na posição ocupada pelos partidos. No campo da direita, é possível constatar que o Partido Progressista (PP) e o Partido Liberal (PL) caminham em direção ao centro ao longo da série histórica, mantendo-se, contudo, na parte final da escala em todas as rodadas. Já o Partido Trabalhista Brasileiro (PTB), posicionado na direita nas sete primeiras rodadas, passa a posicionar-se, em 2017, no centro do espectro político.

No campo da esquerda, PCdoB, PT, Partido Democrático Trabalhista (PDT), Partido Socialista Brasileiro (PSB) e PPS/Cidadania[71] também se movem em direção ao centro. No caso deste último, o movimento centrípeto parece ser irreversível, estando a mudança de campo ideológico conectada à alteração dos objetivos programáticos expressos em seus documentos e meios de comunicação oficiais, bem como à alteração de sua identidade visual e de seu nome. Em 2019, a legenda abandona a sigla PPS e passa a adotar o nome Cidadania. Em relação a PCdoB, PT e PDT, o movimento de afastamento do ponto inicial da escala é interrompido em 2009. Além disso, cabe destacar que as três agremiações se mantêm no campo da esquerda ao longo de todas as rodadas da pesquisa. Já o PSB, que durante a maior parte da PLB é classificado pelos deputados na parte esquerda da escala, tem sua posição alterada, na última rodada, para a parte central do espectro ideológico.

Entre os partidos cuja posição ideológica é mensurada na PLB, cabe, também, fazer referência ao Psol e ao DEM. O primeiro se mantém à esquerda e o segundo à direita, conforme esperado pela literatura, em todas as rodadas nas quais foram objeto de mensuração: três no caso do Psol e oito no caso do DEM. O Partido Verde (PV), que, assim como o Psol, consta da pesquisa apenas nas três últimas rodadas, aparece em todas elas no centro da escala ideológica.

O Movimento Democrático Brasileiro (MDB) e ex-PMDB, por sua vez, se desloca, originalmente, do centro para a direita na rodada 2017 da PLB. Este último posicionamento é dado já durante o governo do presidente emedebista Michel Temer – que assume a cadeira presidencial após romper a aliança com o PT de Dilma Rousseff –, passando a defender e a implementar um programa de direita[72] para o Brasil. Outro partido que aparecia posicionado no centro do espectro político nas sete primeiras rodadas, o PSDB, passa, em 2017, a se colocar no espaço da direita, de acordo com as opiniões dos deputados participantes da Pesquisa Legislativa Brasileira. Cabe salientar que Cidadania e PSDB foram os partidos que mais se deslocaram, ao longo do tempo, na visão dos parlamentares: o primeiro passa da esquerda para o centro, e o segundo, do centro para a direita.

Além do autoposicionamento das elites parlamentares, captado por meio de *surveys*, outra modalidade de classificação dos partidos no espaço ideológico se dá a partir de pesquisas realizadas junto a *experts*. Em julho de 2018, antes da campanha eleitoral presidencial desse ano, 519 cientistas políticos residentes no Brasil e no exterior classificaram em uma escala de 0 a 10 os então 35 partidos existentes no país. A partir dessa pesquisa, Bolognesi, Ribeiro e Codato (2020) dividem as agremiações em sete campos ideológicos, da extrema esquerda (0) à extrema direita (10)[73].

Excluindo-se as agremiações que não elegeram nenhum prefeito em 2012, 2016 e 2020, a distribuição espacial ideológica na pesquisa de 2018 ficou da seguinte maneira: Psol, PCdoB, PT, PDT e PSB ocupando os espaços da extrema esquerda à centro-esquerda; Rede, PPS e PV no centro; e PTB, Avante, Solidariedade, PMN, PMB, PHS, PMDB, PSDB, PSD, Podemos, PPL, PRTB, Pros, PRP, PRB, PR, PTC, PSL, DC, Novo, Progressistas, PSC, Patriotas e DEM na categoria de centro-direita até a extrema direita, intercalado pela direita.

Outro modo de classificar os partidos de acordo com a dimensão ideológica é basear-se em um conjunto de estudos acadêmicos relevantes, que sejam tidos como referência na área. É o que faz Carreirão, em artigo no qual analisa os padrões ideológicos das coligações realizadas nas eleições para governador, deputado federal, deputado estadual e prefeito, no período 1986-2004, em Santa Catarina. Nessa análise, o autor considera "indefinidos" ideologicamente, por insuficiência de informações, os partidos PST, PHS, PTC, PTdoB, PRTB, PSDC e PAN. Já no espaço direito do espectro ideológico estão, segundo Carreirão, PP (PPB; PPR; PDS); PFL; PRN; PDC; PL; PTB; PSC; PSP; PRP; PSL; PSD e Prona. No centro, localizam-se PMDB e PSDB, enquanto na esquerda estão posicionados PT; PDT; PPS; PCdoB; PSB; PV; PSTU; PCO e PMN.

Para chegar a esse posicionamento no *continuum* ideológico, o autor se baseia em classificações formuladas a partir dos estudos de Kinzo (1990), Novaes (1994), Figueiredo e Limongi (1999), Fernandes (1995) e Rodrigues (2002).

Em 2007, Telles analisa o desempenho eleitoral dos partidos políticos brasileiros, enquadrados como blocos ideológicos de direita, centro e esquerda, nas eleições para a Câmara dos Deputados, no período de 1982 a 2002. A classificação adota como esquerda o PT, PDT, PSB, PCdoB, PCB, PPS/PCB, PV e PSTU; como centro o PMDB, PSDB, PP, PL, PTR e PST; a direita contempla PDS, PFL/PPR, PTB, PPB, PRN, Prona, PDC e PSD; e são indefinidos todos os demais partidos. Em relação ao período, os resultados mostraram que a esquerda estava crescendo em todas as regiões brasileiras, e não havia, até então, sinais de redução do apoio a ela nas próximas eleições para a Câmara dos Deputados. Também se confirmou que a desproporcionalidade do sistema partidário afetou a representação dos partidos na Câmara dos Deputados, resultando em sobrerrepresentação dos partidos mais conservadores e sub-representação da esquerda.

Em 2010, Carreirão e Nascimento apresentam um estudo no qual analisam as estratégias dos partidos brasileiros ao lançar candidatos para governador, senador, deputado federal e deputado estadual, em todo o Brasil, no período compreendido entre 1986 e 2006. No artigo, os autores também classificam os partidos no *continuum* esquerda-direita. Excluindo-se os partidos que não integram essa amostra e a partir da classificação proposta pelos autores, chega-se ao seguinte: na esquerda estão PCdoB, PDT, PHS, PMN, PPS, PSB, Psol, PT, PV; no centro ficam apenas PMDB e PSDB; e, na direita, todos os demais partidos.

A localização dos partidos também foi objeto de atenção de Krause, Dantas e Miguel (2010) em um estudo sobre coligações eleitorais. Nele, os autores, a partir de consenso entre um número significativo de pesquisadores, apresentaram a seguinte classificação: PCdoB, PCB, PCO, PDT, PHS, PMN, PPS, PSB, PSOL, PSTU, PT e PV na esquerda; PMDB e PSDB no centro; e, na direita, todas as demais agremiações.

Apesar de algumas diferenças dignas de nota na classificação dos partidos ao longo do tempo e em diferentes análises, é possível posicionar os partidos brasileiros em um *continuum* ideológico sem gerar grandes controvérsias. PT, Psol, PDT e PCdoB, em geral, estão dispostos na esquerda; PMDB e PSDB, na maior parte do tempo, vêm sendo posicionados no centro, ainda que em períodos mais recentes haja a tendência – que pode ser confirmada, ou não, em análises futuras – de classificá-los na direita do espectro político. Já o PPS/Cidadania parece ter, definitivamente, abandonado a esquerda. Tal mudança ideológica da agremiação está expressa, inclusive, em seu ideário programático e torna-se visível também pela mudança de nome[74].

O PSB, por sua vez, que estava localizado na esquerda na maior parte das pesquisas, também demonstrou, em anos recentes, a tendência de caminhar para o centro. Há, contudo, fatos ainda pouco tratados pela literatura que parecem indicar que o partido, que se distanciava do PT e se aproximava do PSDB nos últimos anos, esteja se deslocando em direção ao grupo de legendas de esquerda. A chegada recente de importantes lideranças de esquerda no partido, como Marcelo Freixo (ex-Psol) e Flávio Dino (ex-PCdoB), apoiadoras do ex-presidente Lula, em um processo que contou com a articulação da própria liderança petista, bem como o posicionamento dos socialistas em Plenário majoritariamente contrário ao governo Bolsonaro, são indicadores de que o partido pode, em próximas pesquisas, caso continue nessa toada, caminhar para o lado esquerdo da escala. A respeito do recente comportamento dos socialistas em Plenário, cabe ressaltar que os parlamentares do PSB têm votado de modo mais convergente com a bancada do PT do que com a do PSDB, e esta última tem se posicionado majoritariamente favorável ao governo Bolsonaro. Em média, 45% dos deputados do PSB votaram alinhados com o governo federal em 735 votações, de 2019 a junho de 2021. Já a porcentagem de parlamentares petistas que votou com o governo, no mesmo período, foi de 21%, enquanto, em média, 87% dos *tucanos* estiveram alinhados com a base do governo Bolsonaro em Plenário.

Em importantes votações de fundo ideológico ocorridas na Câmara dos Deputados durante o governo Bolsonaro, também é possível perceber que o posicionamento do PSB não indica sua retirada do campo de esquerda. É o caso, por exemplo, da apreciação da Medida Provisória nº 1.031, que autorizava a capitalização da Eletrobras. Nessa votação, foram favoráveis à privatização da companhia 17% dos parlamentares do PSB, percentual muito mais próximo ao do PT, que não contabilizou nenhum voto a favor da privatização entre seus parlamentares, que ao do PSDB: 76% da bancada *tucana* votou a favor da Medida Provisória. Já no caso do Cidadania, 86% de seus membros votaram favoravelmente à MP. O PV não registrou nenhum voto a favor, enquanto 90% da bancada do PTB votou pela aprovação da medida[75]. Pode-se dizer que tanto os partidos classificados na esquerda quanto aqueles posicionados na direita votaram de modo bastante condizente com o que seria de esperar a partir de seu posicionamento ideológico.

Classificação ideológica dos partidos brasileiros: uma proposta

Após essa breve exposição acerca do posicionamento ideológico dos partidos brasileiros em diferentes estudos, chega a hora de apresentar a classificação que aqui será adotada. Antes, contudo, cabe evidenciar o critério para que um partido possa integrar nossa amostra: ter conquistado pelo menos uma prefeitura em qualquer uma das últimas três eleições municipais brasileiras ocorridas em 2012[76], 2016[77] e em 2020[78]. Com isso, temos que, dos 29 disputantes em 2012, apenas três ficam de fora de nossa análise: PCB, PCO, PSTU[79]. No ano de 2016, 35 agremiações concorrem nas eleições, e, dessas, 31 logram conquistar ao menos uma prefeitura. Permanecem sem vitórias para o Executivo municipal as mesmas três legendas de extrema esquerda, às quais se soma um partido de direita neoliberal, o Novo. Já em 2020, o Novo consegue eleger um prefeito e passa a integrar nossa amostra. Já PCB, PCO e PSTU se mantêm de fora e ganham a companhia de mais uma agremiação de extrema esquerda, a recém-criada Unidade Popular (UP), que disputa as eleições pela primeira vez, sem obter nenhum êxito eleitoral para o Executivo municipal.

Dos partidos que atendem ao critério assaz abrangente aqui definido, são classificados na esquerda, a partir da tríade ideológica, PT, PDT, PSB, PCdoB, PMN, Psol, PPL, PV e, apenas em 2012, o PPS/Cidadania. Tal distribuição destoa do que é apresentado por Krause,

Dantas e Miguel (2010), Carreirão (2006) e Carreirão e Nascimento (2010) apenas em relação a dois partidos: o PHS, que consta de nossa amostra em 2012 e em 2016, sendo incorporado pelo Podemos[80] em 2019, e o PPS/Cidadania, que, a partir de 2016, passamos a posicionar no centro. Para uma comparação com o Expert Surveys 2018, reduzimos as sete divisões apresentadas por Bolognesi, Ribeiro e Codato (2020) para apenas três. Desse modo, temos que nosso grupo de agremiações de esquerda destoa do que os autores classificam como extrema esquerda, esquerda e centro-esquerda apenas em relação à localização do PMN e do PV, que são posicionados pelos especialistas, respectivamente, na direita e no centro. Em relação ao PLB, cabe salientar que nosso agrupamento de partidos de esquerda é convergente com os resultados dessa pesquisa na maior parte de suas rodadas, exceto no que tange ao PV, que foi posicionado no centro da escala em todas as três rodadas em que constou dos questionários aplicados aos deputados.

Já no centro situamos quatro legendas: PSDB, MDB, Rede e Cidadania, esta última em 2016 e em 2020. A localização do PSDB e do MDB no centro é condizente com o que propõem Krause, Dantas e Miguel (2010), Carreirão (2006) e Carreirão e Nascimento (2010). Também na maior parte da PLB ambas as agremiações estão em posições que podem ser lidas como de centro, localizando-se à direita apenas na rodada de 2017. Já a Rede, surgida em 2015 e mantida desde então como um pequeno partido, não consta desses quatro estudos, mas figura no Expert Surveys 2018 no centro, de modo convergente com nossa classificação. O Cidadania, que qualificamos no centro a partir da eleição de 2016, toma essa mesma posição na PLB desde a rodada de 2009. Já PMDB e PSDB, no Expert Surveys 2018, estão alinhados à direita, de acordo com a média das respostas dos acadêmicos respondentes.

Quadro 1 – Classificação ideológica utilizada

IDEOLOGIA	PARTIDOS
ESQUERDA	PT PDT PSB PCdoB PMN Psol PPL PV
CENTRO	PSDB MDB Rede Cidadania
DIREITA	DEM PSD PP PR/PL PTB PRB/Republicanos PSC Podemos/PTN/PHS Patriota/PRP PSL PT do B/Avante Solidariedade Pros Novo PRTB PMB DC/PSDC PTC

Fonte: Elaborado pelos autores

Considerações finais

Tendo em vista os estudos aqui apresentados, bem como a classificação que adotamos, cabe, em primeiro lugar, salientar que não deveria causar surpresa o fato de que, entre os partidos aqui tratados, os principais conflitos quanto à localização ideológica aconteçam ou em relação a pequenos partidos sobre os quais costuma haver escassa atenção e produção acadêmica (PHS e PMN), ou sobre legendas que costumam ser posicionadas no centro ou em posições próximas ao centro (Cidadania, PSDB, MDB, PV e Rede). Afinal, não costuma haver conflitos destacados na literatura quanto à tipologia de partidos que mantêm maior proximidade com os pontos final e inicial da escala. Se analogias comuns para explicar o centro colocam-no como uma zona cinza entre o branco e o preto ou o crepúsculo entre o dia e a noite (Bobbio, 1995), ou ainda como uma área borrada entre dois campos que mais se distinguem quanto mais se distanciam, faz sentido pensar que as maiores divergências quanto ao posicionamento dos partidos não estejam assentadas naqueles que estão mais distantes do centro.

Devemos salientar ainda que, mesmo que adaptássemos nosso agrupamento de partidos de esquerda para excluir o PV e/ou o PMN, incluir o PHS e excluir o PPS/Cidadania em 2012 ou adotássemos quaisquer outras alterações na localização ideológica dos partidos, baseadas nos estudos aqui apresentados, chegaríamos a uma conclusão semelhante, isto é, para toda e qualquer adaptação feita na distribuição espacial dos partidos com base no conhecimento acumulado, concluiríamos que a esquerda perde espaço nos municípios brasileiros ao longo das três últimas eleições, conforme demonstrado por Telles e Freitas (2022).

Utilizando essa classificação ideológica, os achados da pesquisa de Telles e Freitas demonstram que as eleições de 2020 para prefeito acentuaram a tendência de redução da esquerda e a ascensão da direita. O bloco de direita cresceu e as esquerdas obtiveram resultados inferiores aos alcançados na série histórica. Não há dúvidas em relação ao debilitamento das esquerdas e ao crescimento das direitas, tanto na população governada no país quanto em número de administrações municipais, quando se observam os resultados entre 2012 e 2020.

De acordo com os autores, as direitas têm sido recompensadas pelo eleitorado nos últimos pleitos para prefeito e as esquerdas vêm perdendo espaços importantes na administração dos municípios. A expressão territorial dos votos na esquerda foi maior durante os períodos que coincidiram com governos federais de esquerda, quando houve maior crescimento econômico e redistribuição de renda, o que nos leva a concluir que as votações para prefeito sejam contaminadas pela situação econômica do país e pela avaliação do presidente incumbente.

Sobre a social-democracia

André Pereira César*

A rigor, a social-democracia é uma corrente política com origem no pensamento socialista marxista. Em linhas gerais, ela defende a intervenção do Estado na economia e na sociedade. No entanto, diferentemente do socialismo marxista, a social-democracia tem como propósito básico reformar a sociedade, sem substituir o modelo econômico. Ou seja, há uma aceitação do capitalismo e de suas regras. No caso, os sociais-democratas veem no Estado o poder para reformar o sistema econômico, sem buscar eliminá-lo. Contudo, é importante frisar aqui que a social-democracia não defende o sistema capitalista. Na verdade, ela relaciona esse modelo com muitos problemas sociais e econômicos, como, por exemplo, a desigualdade social e o desemprego, que busca amenizar por meio de intervenções.

---

* André Pereira César é cientista social formado pela Unicamp, com especialização em controle orçamentário pela Escola de Administração da Fazenda do Distrito Federal. Atua com análise política, foi sócio da CAC Consultoria Política, consultor pelo Instituto Brasileiro de Estudos Políticos (IBEP) e sócio-diretor da Prospectiva Consultoria. Atualmente é sócio da Hold Assessoria Legislativa.

Definição

Em síntese, trata-se de um modelo intermediário entre o sistema de partido único de tipo soviético e a democracia liberal dos mercados regulados pela competição. A social-democracia aceita o capitalismo, mas, ao mesmo tempo, trabalha no sentido de minimizar os efeitos negativos desse sistema, por intermédio da política. A promoção de reformas parciais está no centro da ação social-democrata, caracterizando-a como um modelo de centro-esquerda. A defesa da democracia representativa, das liberdades civis e dos direitos de propriedade integra o corpo político da social-democracia. Na economia, busca atacar problemas estruturais do capitalismo, como crises recorrentes e altos índices de desemprego. O keynesianismo é sua forma econômica.

Origens e evolução

A social-democracia tem sua origem na Europa, na segunda metade do século XIX. Nasceu do movimento operário, que passava por um processo vertiginoso de crescimento. Em plena Revolução Industrial, os trabalhadores estavam imersos no sistema capitalista. Assim, qualquer reivindicação para implantar uma sociedade socialista era diretamente reprimida pelo Estado. O movimento operário, desse modo, desenvolve a ideia do socialismo democrático, que significava chegar ao socialismo a partir de reformas democráticas, e não por intermédio de uma revolução. Jogar segundo as regras do jogo, para mudá-las mais à frente.

Surgem aqui os partidos políticos operários, que disputariam cargos e espaço nas instituições formais, por meio de eleições. A política e o processo eleitoral seriam veículos para a divulgação do socialismo e da luta de classes para toda a classe trabalhadora. Nessa etapa, o grande objetivo ainda era superar o capitalismo e implementar o socialismo.

Havia um dilema, porém. O envolvimento com as instituições não resultaria no fortalecimento do capitalismo, em vez de levar ao socialismo? Essa questão ganhou corpo com o passar do tempo, pois a social-democracia foi ganhando espaço e se incorporando mais e mais ao sistema vigente. O voto, aqui, torna-se uma ferramenta política fundamental para apresentar as reivindicações dos trabalhadores. As mudanças solicitadas poderiam ganhar corpo a partir do processo eleitoral. Assim, ao aderir definitivamente ao sistema, a social-democracia muda de configuração. O objetivo passa a ser a implementação de mudanças, no curto prazo, da qualidade de vida dos trabalhadores, e não mais a superação do capitalismo. A cisão entre a social-democracia e o socialismo (comunismo) estava completa.

Keynes

Nascido em 1883 em Cambridge, Inglaterra, John Maynard Keynes talvez seja o mais importante economista do século XX. Multifacetado por natureza – homem de negócios, funcionário público, protetor das artes, colecionador de livros raros e editor –, ele deixou uma obra única no campo da economia. Sua *Teoria geral do emprego, do juro e da moeda*, publicada em 1936, criou as bases do keynesianismo, uma das mais influentes escolas econômicas.

Keynes, em sua teoria, incorporou a ideia de Estado de bem-estar social ao modelo social-democrata. No limite, a chamada revolução keynesiana deu à social-democracia o instrumental para colocar em prática – e justificar – as políticas distributivas de auxílio aos trabalhadores. Basicamente, ele prega que as intervenções do Estado funcionam para amenizar ou evitar os efeitos da flutuação econômica, lembrando que a economia tem seu momento de expansão, seguido do *boom* e, posteriormente, de uma recessão, que pode chegar a uma depressão. Um ciclo de elevação, estagnação e declínio. Para o keynesianismo, ao Estado compete reaquecer a economia em momentos de crise, via investimento no mercado interno e criando condições para a geração de empregos. Um exemplo dessa ação se deu no New Deal norte-americano, que enfrentou a grave crise econômica e social surgida a partir do *crash* da Bolsa de Valores, em 1929. Em resumo, o keynesianismo propõe a intervenção estatal para solucionar momentos de desequilíbrio na economia e para investir em áreas negligenciadas pelo setor privado.

Pós-guerra

A partir do final da Segunda Guerra Mundial, em 1945, a social-democracia atinge o apogeu na Europa Ocidental, em especial na Escandinávia, referência global na questão, mas não só. Podemos afirmar que o êxito do capitalismo europeu no período tem ligação direta com a participação crescente do setor público na economia. O Estado não assumiu a propriedade direta de empresas, mas exercia o controle indireto de muitas. Esse Estado assumiu diversas formas – planejador, coordenador, árbitro, provedor, guardião. Governos de diversos países adotaram o sistema, com algumas diferenças de abordagem. Entre as diretrizes básicas do período estavam a implementação de políticas públicas em áreas como saúde e educação e a adoção de uma tributação progressiva. A busca de sociedades mais justas e equânimes estava na ordem do dia, enquanto a tese da abolição do capitalismo ficava restrita ao mundo socialista comandado pela União Soviética.

Na Inglaterra, o modelo era eminentemente regulatório, com a preocupação de "empurrar" o investimento privado em determinadas direções. Foi um período de nacionalização de algumas empresas de setores importantes, período esse que durou até a era Thatcher. De acordo com historiadores, não houve organização no planejamento, que teria ocorrido de maneira quase natural. Na França, o planejamento era centralizado e indicativo, preocupado com a geração de resultados, sem impô-los explicitamente. Nacionalização de diferentes setores foi a tônica durante décadas. O modelo escandinavo, por fim, incluiu um amplo Estado de bem-estar social, com boa parte dos trabalhadores sindicalizados e negociações coletivas em diversas frentes. Busca da conciliação total entre capital e trabalho. É interessante notar que se tratava de democracias consolidadas e, de maneira geral, as populações dos países citados apoiavam as políticas de bem-estar.

Ocaso

A social-democracia, tal qual a conhecíamos, não existe mais. Os anos 1990 marcam o início da efetiva decadência da social-democracia em todo o planeta, que se acentuou ainda mais nas primeiras décadas do século XXI. Na verdade, os primeiros sinais de que a social-democracia perdia força se fizeram sentir no primeiro choque do petróleo, em 1973, quando a economia mundial sofreu forte desestabilização. Ali, tudo começava a mudar. A seguir, a queda do Muro de Berlim, o fim da Guerra Fria, o colapso da União Soviética e a crise fiscal geraram um novo quadro. Surgiu a chamada "terceira via", com os governos Clinton nos Estados Unidos da América e Blair na Inglaterra adaptando à centro-esquerda o discurso e a prática do liberalismo. Na prática, um recuo que evidenciou as limitações do modelo original.

Hoje, a própria ideia de esquerda e direita está em xeque. Dada a difícil realidade fiscal, o Estado de bem-estar social tornou-se praticamente insustentável. Novas agendas se colocam para todos, entre elas o enfrentamento da crise ambiental, do terrorismo e da pandemia de covid-19. O embate mudou radicalmente de figura, com protagonismo do Brexit, do trumpismo e do bolsonarismo.

Social-democracia no Brasil

No Brasil atual, partidos da direita à esquerda apresentam-se, parcialmente, como representantes da social-democracia, mas guardam importantes diferenças entre si.

O PSDB (Partido da Social Democracia Brasileira) e o PSD (Partido Social Democrático) carregam o nome da corrente, mas sempre se aliaram a legendas e grupos à direita do espectro político. No caso do PSDB, ele foi fundado no final da década de 1980 com o objetivo de representar a centro-esquerda. A partir do governo de Fernando Henrique Cardoso, porém, aliou-se a forças conservadoras (PFL e PMDB) e progressivamente foi abandonando o projeto original. Hoje, é um partido sem identidade e de menor relevância no cenário nacional.

O PDT (Partido Democrático Trabalhista) é a única legenda brasileira a integrar a Internacional Socialista, órgão que reúne partidos que se apresentam como legítimos representantes da social-democracia no planeta. No entanto, desde a sua fundação, em 1981, e principalmente após a morte de seu grande líder, Leonel Brizola, o PDT foi perdendo a identidade. Atualmente, seu programa contém poucos elementos social-democráticos.

O PSB (Partido Socialista Brasileiro) também apresenta elementos da corrente, inclusive integrando a Aliança Progressista – entidade de partidos de esquerda dissidentes da Internacional Socialista.

Por fim, o PT (Partido dos Trabalhadores), nascido do movimento operário no início dos anos 1980, pode ser considerado a legítima agremiação social-democrata brasileira. O partido sempre defendeu o socialismo por vias democráticas e, no poder entre 2002 e 2016, implementou importantes políticas sociais, como o Bolsa Família, além de estabelecer um maior controle estatal sobre a economia. A campanha do ex-presidente Lula em 2022, por sinal, tem forte conotação social, visando a retomada de políticas adotadas quando o partido esteve no poder e que foram depois abandonadas.

Para concluir, é importante lembrar que, entre 1994 e 2014, o PSDB e o PT foram os protagonistas da cena política brasileira, tendo disputado voto a voto todas as eleições presidenciais do período. As demais legendas foram, de alguma forma, meros satélites das duas por longos vinte anos.

Discurso político e populismo: caso governo Bolsonaro

Rodrigo Augusto Prando*

O objetivo deste capítulo é refletir como se realiza o discurso político populista com base no caso Bolsonaro, presidente brasileiro eleito em 2018. Há, aqui, um pressuposto de que os políticos podem encontrar vantagens na construção de um discurso capaz de apontar suas qualidades pessoais enquanto líderes, porém trata-se de uma vantagem ambígua, pois ele pode tanto ser capaz de agregar – via diálogo e negociação – como pode ser belicoso e desestruturador, ameaçando o próprio sistema político. O discurso populista, mediado hoje pelas redes sociais, na busca de contato direto com o povo, acaba por promover elementos de corrosão no ambiente institucional e, no limite, na própria democracia. Para entender essa dinâmica depreciativa, vamos avaliar como se formam os discursos, as falas de Bolsonaro e suas consequências políticas.

---

* Rodrigo Augusto Prando é professor e pesquisador do Centro de Ciências Sociais e Aplicadas da Universidade Presbiteriana Mackenzie. Graduado – bacharel e licenciado – em Ciências Sociais, mestre e doutor em Sociologia pela Unesp, FCL, Araraquara.

O político é o ator que, no espaço institucional, exerce o poder político, seja no âmbito do Poder Legislativo, seja na esfera do Poder Executivo. Assim, a política é uma relação de mando e de obediência, portanto uma relação assentada em um poder. Segundo Bobbio, Aristóteles, em sua obra *Política,* traz à tona a primeira reflexão mais detida acerca da natureza, das funções, das divisões do Estado, assim como das formas de governo, sendo a política, portanto, uma arte ou ciência do governo, em que "a sabedoria política e a prática são a mesma disposição mental"[81].

Para o filósofo grego, a política liga-se à virtude, sendo o homem compreendido como um animal político e social. Os homens, portanto, são capazes de comunicar suas vontades, de viver coletivamente e de entender as noções de bem e mal e de justiça e injustiça. Viver na cidade, na *polis*, exige o estabelecimento de uma comunidade política, cuja presença de regras e leis seja capaz de garantir a ordem social e política (Aristóteles, 1985; Bobbio, 2000; Nogueira, 2001; Nogueira, 2008). No que tange ao poder, ainda segundo Aristóteles, encontra-se ele em três dimensões: poder paterno, poder despótico e poder político – o primeiro é exercido no interesse dos filhos; o segundo, no interesse do Senhor; e o terceiro é exercido no interesse daquele que governa e daqueles que são governados.

Sociologicamente, o espaço de organização da vida social por meio da política se dá na instituição Estado – segundo Weber, é um espaço institucional que detém o monopólio legítimo da violência. Tendo o Estado o poder e este significando a capacidade de mandar e de encontrar obediência, a questão a ser colocada e respondida é a seguinte: por qual motivo uns poucos mandam e a maioria obedece? A resposta weberiana está dada nos tipos puros de dominação, que pode ser tradicional, carismática (característica dos líderes populistas) e/ou assentada na razão e nas leis (por meio da legitimidade eleitoral, por exemplo).

No que tange ao poder e à autoridade, cabe, ainda que brevemente, tecer algumas observações. O poder divide-se em poder de fato e poder de direito. Um político, presidente da República, por exemplo, legitimamente eleito, goza dos poderes de fato e de direito. Realmente ele manda, pois controla o monopólio da força física (polícias e Forças Armadas), mas também tem o poder de direito, conquistado de acordo com a lei e exercido dentro da mesma lei, respeitando-se a separação e harmonia com os outros poderes (Legislativo e Judiciário). Assim, à guisa de exemplo, um ditador pode exercer o poder de fato, pois controla as Forças Armadas, todavia não tem o poder de direito, pois governa ao arrepio das leis, das instituições e de forma autocrática. A autoridade, nesse caso, é um poder autorizado, um poder tutelado pela lei, por isso um ditador pode ter poder, mas não autoridade (Nogueira, 2008).

A vida social é complexa. A vida política é complexa. E, por isso, o exercício do poder político, da autoridade, requer compreender a diferença substancial entre o papel de chefia e o de liderança. Um chefe manda e seus subordinados obedecem, geralmente por medo da coação. O chefe precisa de cargo e nomeação para exercer seu mando. Já o líder é aquele que está "na dianteira de um processo e que reúne certas qualidades pessoais (técnicas, intelectuais, políticas e morais) que lhe dão o prestígio para dirigir". Dessa forma, o líder não necessita de cargos ou nomeações. O líder não manda, mas comanda, dirige e aponta caminhos; tem, por isso, a capacidade de convencer, construir consensos e de articular ideias, vontades e valores. Assim, "a liderança é bem mais sedutora e simpática do que a chefia ou a autoridade"[82].

Após definirmos, ainda que panoramicamente, política, poder, autoridade, chefia e liderança, pode-se apontar a importância que há no uso da palavra na política, ou, caso prefira, no discurso político. Charaudeau[83] assevera que "O governo da palavra não é tudo na política, mas a política não pode agir sem a palavra: a palavra intervém no *espaço de discussão* para que sejam definidos o ideal dos fins e os meios da ação política; a palavra intervém no *espaço de ação* para que sejam organizadas e coordenadas a distribuição das tarefas e a promulgação das leis".

O político, ao discursar, geralmente encontra três tipos de público: os que lhe são favoráveis, os que lhe são contrários e os que têm dúvidas e posição incerta. A palavra e seu uso na política, por meio do discurso, têm importância singular, especialmente quando se busca maior adesão às suas ideias, que, obviamente, expressam sua visão política, seus valores e projetos. O discurso político, no confronto de ideias, na disputa pelo poder, segue quase sempre um roteiro lógico, segundo Charaudeau. Na busca pela adesão ao seu discurso, o político aponta que há: 1) uma desordem social; 2) a origem do mal; e 3) a solução salvadora. A desordem social, por exemplo, desemprego, violência, corrupção, caos nos serviços públicos, atinge o cidadão, que é "vítima". Ulteriormente, o político, em sua fala, indica a origem do mal, que são seus adversários ou o governo anterior ou outros atores políticos ou sociais, no limite, o inimigo. Finalmente, é capaz, discursando, de propor uma solução salvadora e, claramente, ele se aponta como capaz de equacionar o problema e resolver a desordem social em prol do cidadão e em detrimento dos "inimigos" que causam o "mal".

Populismo e ataque à democracia

Há, no estudo do populismo, diversas visões teóricas, bem como exemplos concretos de líderes e governos populistas. A perspectiva central de Bobbio, Matteucci e Pasquino é de que o povo, de maneira emotiva, toma como mito aquele que mais bem expressa o que é de valor a esse povo. Não obstante, existe ainda a ideia de que "pertencer ao povo não depende, para o populismo, da condição social ou profissional", além de excluir a luta de classes, por se pretender conciliador e transformar o *establishment*. Para os populistas, desprezando-se as estruturas sociais assentadas nas divisões entre as classes sociais, há uma divisão mais simples, binária: povo x não povo, que trata daqueles (povo) que ocupam melhores espaços dentro da estrutura social e política e daqueles que estão fora dessas estruturas, entendidos como portadores de ideologias e valores estranhos, o "não povo"[84].

Em estudo acerca das classes populares e política, Weffort assevera que há uma singularidade do populismo no que tange ao chamado "vazio político", isto é, em situações históricas nas quais nenhuma classe social engendra as condições de assumir hegemonicamente a dominação, aparecendo quando "se dá a crise da hegemonia oligárquica e das instituições liberais que obrigam a um amplo e instável compromisso entre os grupos dominantes, presidido pelo fortalecimento político do Executivo e do poder econômico e administrativo do Estado. [...] Em uma palavra, na adesão das massas ao populismo tende necessariamente a obscurecer-se a divisão real da sociedade em classes sociais conflitivas e a estabelecer-se a ideia do *povo* (ou da Nação) entendido como uma comunidade de interesses solidários[85].

Nos tempos atuais, Levitsky e Ziblatt advertiram que o fim da democracia não se dá com tanques nas ruas e com golpes militares, e sim por um processo corrosivo no bojo das próprias instituições democráticas. Já Mounk afirma que há um ataque à democracia liberal e que a liberdade conquistada em muitos países corre perigo. Eatwell e Goodwin, por sua vez, indicam que muitas pessoas se sentem excluídas na atualidade, tornando-se hostis às minorias, aos imigrantes e à política e economia liberais. A eclosão da democracia iliberal ou da democracia sem direitos é uma das características da política da primeira década do século XXI. O cidadão torna-se desiludido com a política e com os políticos. Fica inquieto, raivoso e até desdenhoso e, por isso, suscetível aos encantos do discurso populista, que sempre encontra um inimigo do povo que deve ser eliminado.

Em seu conjunto, essas mudanças constituem-se em terreno fértil para as lideranças populistas, que exploram, emocionalmente, com discursos salvadores e apelo ao bem do "povo", a desconfiança, o medo da diversidade étnica, do "outro"; a sensação de privação material, que, inclusive, é atribuída aos "inimigos do povo"; e, não menos importante, demonstram um desalinhamento e desprezo pelos partidos políticos tradicionais. Os partidos, assim, são espaços dominados pela "velha política" e, dessa forma, devem ser suprimidos, já que o importante é o contato direto do líder populista com o povo, sem intermediadores, sem o crivo da crítica da mídia ou os freios e contrapesos das instituições.

Na prática, em busca de poder, lideranças populistas assumem discursos autoritários contra o *establishment*, rejeitando as regras do jogo democrático, descrevendo as elites sempre como "conspiratórias" e "corruptas", negando a legitimidade dos partidos. A afirmação de Mounk[86] de que os populistas são os que melhor exploraram as novas tecnologias – ou seja, as redes sociais – não pode ser menos verdadeira.

Segundo o autor, os populistas estariam "desimpedidos das coibições do antigo sistema midiático" e, nesse caso, dispostos a fazer o que for necessário para vencer as eleições, como "mentir, confundir e incitar o ódio contra os demais cidadãos", de modo a "solapar os elementos básicos da democracia liberal". O líder populista, por meio das redes sociais, ganha densidade e força e mobiliza ressentimento, medo e muito ódio, ingredientes explosivos para a democracia.

Bolsonaro e o bolsonarismo

Jair Messias Bolsonaro foi eleito o 38º presidente da República[87]. Eleição improvável, visto que, em quase duas décadas anteriores a ela, houve disputas entre dois grandes partidos: PSDB (Partido da Social Democracia Brasileira) e PT (Partido dos Trabalhadores). Bolsonaro, político oriundo do chamado baixo clero[88] da Câmara dos Deputados, não se tornou notório por sua participação ativa nas questões nacionais, nem por projetos de lei ou participação em presidências de comissões. As eleições de 2018 tiveram, novamente, candidatos do PSDB e do PT; contudo, havia Bolsonaro filiado ao partido nanico PSL (Partido Social Liberal)[89], sem estrutura partidária, sem tempo de televisão, sem coligações e com um vice-presidente escolhido momentos antes do registro da chapa na Justiça Eleitoral.

Foi, portanto, numa eleição chamada de "disruptiva" por Moura e Corbellini (2019) que Bolsonaro e o PSL mudaram o mapa eleitoral das últimas eleições presidenciais. Segundo Almeida (2018), a partir da segunda eleição que levou Lula à vitória, o mapa eleitoral brasileiro apontou uma tendência: os estados da região Nordeste, somados, levavam o candidato do PT ao segundo turno, e o estado de São Paulo, sozinho, colocava o candidato do PSDB no segundo turno. Geralmente, o desempate se dava na soma dos votos do estado de Minas Gerais, do Rio de Janeiro e dos estados da região Sul. Isso se deu até 2018, quando, em São Paulo, o candidato Geraldo Alckmin perdeu para Bolsonaro, mas a região Nordeste manteve o voto em Fernando Haddad, candidato do PT. Os demais estados, ou seja, Minas Gerais, Rio de Janeiro e os da região Sul, contabilizaram ampla votação para Bolsonaro[90].

Muitos apontavam que Bolsonaro havia passado por inúmeros partidos, não havia se destacado na vida parlamentar, era usuário de uma linguagem e de um discurso ácidos, preconceituosos e assaz rasos. Outro aspecto bem explorado pela campanha do candidato e incompreendido pelos analistas e pela mídia em geral tinha relação com o termo "novo" e "nova política". Como diziam os analistas e jornalistas, Bolsonaro não poderia se apresentar como novo ou novidade se tinha praticamente trinta anos de vida parlamentar inexpressiva. No entanto, o "novo" de Bolsonaro não tinha a ver com o tempo. O eleitor enxergava nele o "novo" porque não tinha "nada contra ele"; um político que não tinha "rabo preso". Essa agenda estabelecia uma linha de corte que o diferenciava não só do PT, mas de "todos os outros" [91].

Novamente, analistas políticos e jornalistas ficaram impressionados com o fato de as declarações de Bolsonaro – que, desde os seus tempos de deputado, eram alicerçadas em polêmicas, preconceitos e informações distorcidas ou falsas – terem sido intensificadas na campanha, dando a ele uma imagem de político transparente, que falava o que pensava, sem se prender ao "politicamente correto", o que mobilizava uma militância fervorosa[92].

Se, no que tange ao discurso político, os ex-presidentes Fernando Henrique Cardoso e Lula tinham domínio da oratória e seguiam a chamada "liturgia do cargo" (após eleitos) e Dilma esforçava-se para discursar, entendendo a importância da condição presidencial, com Bolsonaro a linguagem e o discurso tomaram outra dimensão: ele queria parecer autêntico e contra o "velho" sistema, o *establishment*. A belicosidade da fala o situou entre o eleitorado descrente da política, disposto em redes tecnológicas hiperconectadas. A criação de blocos temáticos contribuiu para atrair o eleitorado insatisfeito para os virtuais "Partido do Boi", "Partido Teocrata", "Partido da Polimilícia", "Partido da Lava Jato", "Partido do Mercado" e "Partido dos Trolls", que se opunham ao ordenamento e às siglas habituais. Foi por meio da linguagem injuriosa que Bolsonaro e os bolsonaristas alcançaram a vitória. O método, por sua vez, encontrou alicerces na obra e na conduta pública de Olavo de Carvalho[93], cuja retórica continha misoginia, homofobia, temas anti-indígenas, termos ecocidas e xenofobia. Houve, portanto, um encontro entre um "caricatural guru de internet" e um "parlamentar que havia conseguido manter-se irrelevante por 28 anos na Câmara dos Deputados"[94].

O discurso de Jair Bolsonaro

Nesta seção, aponto alguns aspectos do discurso de posse de Jair Bolsonaro – discurso que, em seu conteúdo, apresenta muito da retórica populista aqui explicitada. Há, a seguir, alguns blocos temáticos cujos termos se encontram no discurso do presidente eleito: Bloco 1 – "Deus"; Bloco 2 – "povo" e "as ruas"; Bloco 3 – "ideologia" e Bloco 4 – "problemas e desafios do governo".

Discurso de posse no Congresso Nacional[95]

Bloco 1: "Deus"

"Primeiro, quero agradecer a **Deus** por estar vivo."

"Que, pelas mãos de profissionais da Santa Casa de Juiz de Fora, operaram um verdadeiro milagre, obrigado, meu **Deus**!"

"Hoje, aqui estou, fortalecido, emocionado e profundamente agradecido a **Deus**, pela minha vida, e aos brasileiros, que confiaram a mim a honrosa missão de governar o Brasil, neste período de grandes desafios e, ao mesmo tempo, de enorme esperança."

"Minha campanha eleitoral atendeu o chamado das ruas e forjou o compromisso de colocar o Brasil acima de tudo e **Deus** acima de todos."

"Com a bênção de **Deus**, o apoio da minha família e a força do povo brasileiro, trabalharei incansavelmente para que o Brasil se encontre com seu destino e se torne a grande nação que todos queremos."

"Brasil acima de tudo! **Deus** acima de todos!"

Bloco 2: "Povo"

(e, ainda, o termo "as ruas", como sinônimo de "povo")

"Volto a esta Casa, não mais como deputado, mas como presidente da República Federativa do Brasil, mandato a mim confiado pela vontade soberana do **povo** brasileiro."

"Estou certo de que enfrentaremos enormes desafios, mas, se tivermos a sabedoria de ouvir a voz do **povo**, alcançaremos êxito em nossos objetivos, e, pelo exemplo e pelo trabalho, levaremos as futuras gerações a nos seguir nesta tarefa gloriosa."

"Vamos unir o **povo**, valorizar a família, respeitar as religiões e nossa tradição judaico-cristã, combater a ideologia de gênero, conservando nossos valores."

"Minha campanha eleitoral atendeu ao chamado das **ruas** e forjou o compromisso de colocar o Brasil acima de tudo e Deus acima de todos."

"Por isso, quando os inimigos da Pátria, da ordem e da liberdade tentaram pôr fim à minha vida, milhões de brasileiros foram às **ruas**. Uma campanha eleitoral transformou-se em um movimento cívico, cobriu-se de verde e amarelo, tornou-se espontâneo, forte e indestrutível, e nos trouxe até aqui."

"Nada aconteceria sem o esforço e o engajamento de cada um dos brasileiros que tomaram as **ruas** para preservar nossa liberdade e democracia."

"Deixo esta Casa, rumo ao Palácio do Planalto, com a missão de representar o **povo** brasileiro."

"Com a bênção de Deus, o apoio da minha família e a força do **povo** brasileiro, trabalharei incansavelmente para que o Brasil se encontre com seu destino e se torne a grande nação que todos queremos."

Outro termo, também presente no discurso, é "ideologia", especialmente, na visão de Bolsonaro, pelo fato de que seu governo será capaz de livrar o Brasil de ideologias que considera nefastas, como a ideologia de esquerda e a de gênero, por exemplo.

Bloco 3: Ideologia

"Aproveito este momento solene e convoco cada um dos Congressistas para me ajudarem na missão de restaurar nossa Pátria, libertando-a, definitivamente, do jugo da corrupção, da criminalidade, da irresponsabilidade econômica e da submissão ideológica."

"Vamos unir o povo, valorizar a família, respeitar as religiões e nossa tradição judaico-cristã, combater a ideologia de gênero, conservando nossos valores. O Brasil voltará a ser um país livre das amarras ideológicas."

"Precisamos criar um círculo virtuoso para a economia que traga confiança necessária para permitir abrir nossos mercados para o comércio internacional, estimulando a competição, a produtividade e a eficácia, sem o viés ideológico."

Bloco 4: Os problemas e desafios do governo – aqui não há citação *ipsis litteris* como nos trechos dos blocos 1, 2 e 3.

- Corrupção
- Criminalidade
- Irresponsabilidade econômica
- Submissão ideológica
- Valorizar a família
- Respeitar as religiões
- Conservar nossos valores
- Respeitar nossa tradição judaico-cristã
- Combater a ideologia de gênero
- Livrar o país das amarras ideológicas
- Preservar nossa liberdade e a democracia
- Reconstruir a sociedade sem discriminação ou divisão
- Pautar-se pela vontade soberana dos brasileiros, que querem boas escolas, capazes de preparar seus filhos para o mercado de trabalho, e não para a militância política
- Sonhar com a liberdade de ir e vir sem serem vitimados pelo crime
- Conquistar por méritos bons empregos
- Sustentar com dignidade suas famílias (saúde, educação, infraestrutura e saneamento básico)

- O cidadão de bem dispor de meios para se defender, respeitando o referendo de 2005, quando optou, nas urnas, pelo direito à legítima defesa
- Honrar e valorizar aqueles que sacrificam suas vidas em nome de nossa segurança e da segurança de nossos familiares
- Contar com o apoio do Congresso Nacional para dar respaldo jurídico para os policiais realizarem seu trabalho
- As Forças Armadas terão as condições necessárias para cumprir sua missão constitucional de defesa da soberania, do território nacional e das instituições democráticas
- Montar uma equipe técnica sem o tradicional viés político que tornou o Estado ineficiente e corrupto
- Na economia, trazer a marca da confiança, do interesse nacional, do livre mercado e da eficiência
- O governo não gastará mais do que arrecada
- Realizar reformas estruturantes
- Recuperação do crescimento; o setor agropecuário seguirá desempenhando papel decisivo, em perfeita harmonia com a preservação do meio ambiente
- Aumentar a eficiência do setor produtivo; menos regulamentação e burocracia
- Promover um pacto nacional entre a sociedade e os poderes Executivo, Legislativo e Judiciário
- Uma das prioridades é proteger e revigorar a democracia brasileira
- Respeitar o Estado Democrático
- Livrar-se de práticas que se mostraram nefastas para todos nós, maculando a classe política e atrasando o progresso
- A irresponsabilidade nos conduziu à maior crise ética, moral e econômica de nossa história

Em larga medida, o discurso presidencial de Jair Bolsonaro, na ocasião da cerimônia de posse, traz em seu bojo os elementos essenciais que fundamentaram os dois principais pilares de seu governo até 2022. A proposta, já na campanha, era se apresentar como um candidato que seria liberal na economia e conservador nos costumes. Num dos pilares, o economista Paulo Guedes, que no início era considerado um superministro da Economia, aos poucos foi perdendo expressão e força para o pragmatismo político de Bolsonaro aliado ao Centrão; em outro pilar, a figura do ex-juiz da Operação Lava Jato, Sergio Moro, que, entre outras coisas, simbolizaria, para o governo e para os bolsonaristas, o combate à corrupção e, ainda, carregaria o simbolismo de ser o principal responsável pela condenação e prisão do ex-presidente Lula. Contudo, em 2022 Lula torna-se candidato, Moro tenta construir uma candidatura independente e Paulo Guedes não conseguiu realizar nenhuma reforma de impacto.

As referências constantes a Deus são, obviamente, traços claros da força que os religiosos, sobretudo grupos evangélicos, apresentam no núcleo do governo Bolsonaro. E mais: no discurso de posse, as inúmeras referências a Deus iniciam-se com o agradecimento a Deus por ele, Bolsonaro, estar vivo, dado que sofreu um atentado durante a campanha. Dessa forma, o presidente envolveu e envolve seus ouvintes na verbalização de que Deus, pelas mãos dos profissionais da saúde, operaram um "verdadeiro milagre". A religiosidade, traço marcante no governo, é reforçada pelo lema assumido: "Brasil acima de tudo. Deus acima de todos".

No Bloco 2, "povo" e "as ruas", o presidente busca, discursivamente, legitimar sua vitória pelo desejo do povo brasileiro. E, por diversas ocasiões, mesmo jurando respeitar a Constituição e as instituições da República, Bolsonaro busca reafirmar suas ações como aquele que porta, em última instância, o desejo soberano do povo. Para isso, foram proferidos ataques ao Congresso Nacional, ao presidente da Câmara dos Deputados, ao Supremo Tribunal Federal (STF) e aos ministros do STF. Assim, na lógica de Bolsonaro, o povo legitimou, com seu voto, sua ação presidencial, mas os deputados e senadores não gozariam da mesma legitimidade. Quanto à sua promessa, no discurso, de promover um pacto nacional da sociedade com os três poderes (Executivo, Legislativo e Judiciário), tal fato não resistiu aos ímpetos autocráticos do presidente, que, muitas vezes, fez ameaças diretas aos demais poderes e sempre em nome do povo, da soberania do povo brasileiro. Outro ponto importante é que, na ótica bolsonarista, "as ruas" estariam ao lado do presidente numa cruzada contra "os inimigos da pátria, da ordem e da liberdade [que] tentaram pôr fim à [sua] vida". Bolsonaro e os bolsonaristas nutrem evidente desprezo pela imprensa e pelos jornalistas. Mas nutrem imenso apreço pelas possibilidades presentes nas redes sociais, e, não raro, o presidente deixou claro que ouvia esse clamor presente nas redes antes de tomar certas decisões.

Já no Bloco 3, "ideologia", o presidente e os bolsonaristas apontam como viés ideológico ou pura e simplesmente como ideologia as visões de mundo que são diferentes das que apresentam. Assim, há uma "ideologia de esquerda", uma "ideologia de gênero", uma "ideologia na escola". Nessa concepção, a ideologia sempre é ruim e só existe no campo adversário, especialmente da esquerda em geral e do lulopetismo em particular. A cosmovisão conservadora nos costumes, na religião, na família, na cultura e em tantas outras expressões da vida coletiva dos conservadores não seria uma ideologia, e sim uma necessária manutenção de valores que devem prevalecer na sociedade. Em síntese, uma política assentada em valores conservadores e premissas liberais, para Bolsonaro e os bolsonaristas, não é ideológica. Ideologia é apenas aquilo que emana da esquerda ou de progressistas.

Por fim, no Bloco 4, "os problemas e desafios do governo", pode-se visualizar a conjugação daquilo que Bolsonaro compreende como os principais problemas do país e os desafios que seu governo enfrentaria. Dos problemas, destaque para: corrupção, criminalidade, irresponsabilidade econômica, submissão ideológica, ideologia de gênero, livrar o país das amarras ideológicas, entre outros. No caso em tela, dos problemas, a corrupção é presente logo de início e, depois, vem a criminalidade. A campanha eleitoral de 2018 teve como um dos temas prioritários o combate à corrupção, que era ligada aos governos petistas – Lula e Dilma –, e ainda no auge da Operação Lava Jato. Para muitos, bater na tecla da corrupção era, simultaneamente, atacar os governos do PT, com os famigerados Mensalão e Petrolão. No que tange aos desafios do governo Bolsonaro, temos: valorização da família, respeito às religiões, conservação dos nossos valores (valores, entenda-se, dos vencedores, tidos como conservadores), respeitar a tradição judaico-cristã, preservar a liberdade e a democracia, sonhar com a liberdade de ir e vir sem ser vitimado pelo crime, dar ao cidadão de bem os meios para se defender, valorizar as forças de segurança pública, valorizar as Forças Armadas; na economia, trazer a marca da confiança, valorizar a meritocracia, aumentar a eficiência e diminuir a burocracia e recuperar o crescimento, especialmente do setor agropecuário.

Os que acompanham a trajetória parlamentar de Jair Bolsonaro, sua atividade política na campanha de 2018, seu discurso de posse e seu governo não podem se surpreender com suas ações e falas. Seu governo, em grande parte, acompanha os temas desse discurso de posse, menos, evidentemente, nos trechos que garantem a defesa da democracia e o respeito ao Congresso Nacional e às instituições da República. Bolsonaro estabeleceu, por assim dizer, um tipo de presidencialismo de confrontação, ao governar escolhendo inimigos, reais ou imaginários, internos ou externos.

Transformar a política não em embate entre adversários e sim em uma luta entre inimigos está no cerne do bolsonarismo, mas, justiça seja feita, tal conduta não foi inventada nem por Bolsonaro, nem pelos bolsonaristas. Há que se rememorar os discursos de Lula, que, sempre que podia, dividia o Brasil entre "nós" e "eles" e, não raro, atacava o governo de Fernando Henrique Cardoso como aquele que havia deixado uma "herança maldita" para o país.

Aquilo que muitos consideraram (e consideram) no discurso e na fala de Bolsonaro como uma fala franca, sincera, sem subterfúgios ou rebuscamento, alicerçada sobre valores às vezes preconceituosos, e bastante belicosa, parece ser, na verdade, uma estratégia bem pensada. Da Empoli afirma que existem "engenheiros do caos", que são estudiosos em política, ideólogos e especialistas na garimpagem, interpretação e modelagem de dados, especialmente dos usuários das redes sociais (tais dados são chamados de *big data*). Em sua visão, esses engenheiros do caos são os responsáveis pela produção de fake news e teorias da conspiração, utilizando-as para disseminar o ódio e influenciar as eleições. Em linhas gerais, compactuar com discursos autoritários e distribuição de fake news foi entendido, por bolsonaristas, como uma demonstração de lealdade. Convém ressaltar que a mesma dinâmica discursiva foi observada em outros países, que, entre o final da segunda década e o início da terceira década dos anos 2000, também elegeram líderes autoritários. São exemplos os Estados Unidos, Itália, Turquia, Ucrânia, entre outros.

Considerações finais

"O governo da palavra não é tudo na política, mas a política não pode agir sem a palavra: a palavra intervém no *espaço de discussão* para que sejam definidos o ideal dos fins e os meios da ação política"[96]. Dessa forma, a palavra e seu uso, no discurso político presidencial, apresentam tom belicoso, preconceituoso e, muitas vezes, desrespeitoso aos princípios republicanos e à liturgia que o cargo de presidente reclama.

Aqui cabe questionar se esse estilo de "presidencialismo de confrontação" de Bolsonaro é uma fase que será superada ou se, doravante, a política e o discurso político serão realizados numa disputa concentrada em fake news, teorias da conspiração e linguajar de redes sociais ("lacração" e *memes*). Tal discurso agressivo pode, aos poucos, manter as relações políticas e sociais tensionadas e trazer prejuízos democráticos. Por enquanto, na relação com os demais poderes (Legislativo e Judiciário), os freios e contrapesos institucionais têm funcionado, mas não sem traumas e sobressaltos, que saem do campo discursivo e encontram consequências na realidade econômica, na diplomacia e nos atores políticos e sociais. Levitsky e Ziblatt, baseados em estudos e dados empíricos, advertem: "Democracias podem morrer não nas mãos de generais, mas de líderes eleitos – presidentes ou primeiros-ministros que subvertem o próprio processo que os levou ao poder"[97], concluindo que "autocratas eleitos mantêm um verniz de democracia enquanto corroem a sua essência"[98].

Se, num primeiro momento, o discurso político em campanha do presidente Bolsonaro causou apreensão, seu governo continuou a fazer uso da palavra como arma para o ataque e não para a construção de diálogos e consensos. Em 2022, o estilo discursivo, as ações e o próprio governo Bolsonaro serão submetidos a nova eleição presidencial. O resultado? Aguardemos, e, quem sabe, um novo capítulo ou artigo dará continuidade a essa modesta e panorâmica reflexão aqui apresentada.

PARTE 2

A Nova Direita brasileira

Clayson Felizola*

Blindados cercavam a fronteira da Rússia com a Ucrânia havia dias quando Putin, presidente russo mais longevo no poder, anunciou qual seria o motivo da invasão que perpetraria ao vizinho: "desnazificar a Ucrânia". Não era. Fosse esse seu objetivo, o autocrata teria de começar pela própria Rússia. Além disso, para atender a tal objetivo, teria de invadir a totalidade dos países da Europa e de vários outros continentes, incluindo as Américas e, com elas, naturalmente, o próprio Brasil. Alguns meses antes de ser enunciada a motivação de Putin para a invasão da Ucrânia, a antropóloga Adriana Dias, da Unicamp, que vem se dedicando a pesquisar o neonazismo no Brasil desde 2002, apresentava um estarrecedor estudo que apontava que em 2021 já existiam 530 núcleos neonazistas no país. Adriana atribuiu a esses núcleos um universo aproximado de 10 mil militantes e apontou um crescimento de mais de 270% desses extremistas apenas entre o início de 2019 e maio de 2021 – não por coincidência, os primeiros anos de Jair Bolsonaro na presidência da República.

---

* Clayson Felizola é jornalista e professor pós-graduado em Filosofia pela PUC-MG, com especialização em Filosofia Contemporânea. Autor do *Manual prático e teórico da Nova Direita*, *Anarquismo para brasileiros*, entre outros.

Dias aponta destacadas semelhanças internas entre as células neonazistas brasileiras. Em linhas gerais, os discursos neonazistas se aproximam do núcleo da ideologia que norteia toda a chamada Nova Direita, todo o bolsonarismo e, claro, os próprios discursos de Bolsonaro. Segundo a pesquisadora, o masculinismo e o ódio às mulheres são regra. E esse masculinismo tóxico se assemelha ao combate da "Nova Direita" ao feminismo como um todo e ao feminino em alguns pontos. Não por acaso, tornou-se comum ver Bolsonaro atacando mulheres, sejam elas parlamentares, jornalistas ou até mesmo familiares dele próprio. Há outros ódios, como o ódio ao negro, refletido no racismo estrutural e que, sob Bolsonaro, foi resumido de forma cabal no discurso proferido em 2017 no Clube Hebraica, no Rio de Janeiro. Naquela ocasião, além de reafirmar o desprezo à mulher, afirmando pejorativamente que sua filha nasceu mulher por conta de uma "fraquejada", Bolsonaro relatou o que chamou sua atenção ao fazer uma suposta visita a um quilombo: "O afrodescendente mais leve lá pesava sete arrobas. Não fazem nada. Eu acho que nem para procriador ele serve mais [sic]", ou seja, associando os negros a animais, ao apontar seu peso em arrobas; e à indolência, que seria a causa do peso elevado.

Segundo Adriana, entre os neonazistas brasileiros, e aqui persiste a inevitável relação com Bolsonaro e seus seguidores mais fanatizados, além da masculinidade tóxica e do racismo, há, entre outros, a repulsa à comunidade LGBTQUIAP+, a imigrantes, nordestinos – a quem, por sinal, Bolsonaro prefere chamar de "paraíbas" –, e a negação do Holocausto. Mas seria um erro classificar a chamada Nova Direita apenas como neonazista, e o mesmo vale para o inverso. Também seria um erro afirmar que todos os partícipes da Nova Direita sejam bolsonaristas ou partidários do "mito", ainda que em algum momento tenham sido. O corolário neonazista é apenas mais um substrato ideológico, em meio a uma miríade de ramificações e vertentes que, se não se complementam e não competem entre si, trazem formas distintas de interação e identidade. Entender, perceber e identificar a Nova Direita exige o reconhecimento de sua construção ao longo da história e a necessidade de detectar suas nuances, mediante o universo em que ela foi forjada.

A história e as origens da "Nova Direita" brasileira

O conceito clássico de direita remonta ao processo revolucionário iniciado em 1789 na França. Os girondinos, considerados mais moderados e conciliadores, diretamente associados aos "poderosos" do ponto de vista financeiro, ocupavam o lado direito da Assembleia Nacional Constituinte, enquanto os jacobinos, mais aguerridos e enérgicos, diretamente associados aos "trabalhadores", ocupavam o lado esquerdo. Nos momentos atuais, passados quase dois séculos e meio, persiste uma essência dessa gênese nessas duas vertentes, apesar de as variáveis desses espectros terem se flexionado profusamente.

A Nova Direita traz uma reformulação e readaptação de conceitos da direita francesa do século XVIII e se distingue em pontos que se agrupam, como no discurso anticomunismo/antissocialismo, e quase se opõem, como na diferença entre discursos conservadores e os de vertente liberal. São esses os dois grupos centrais da Nova Direita, que se expandem para genealogias próprias.

O conservadorismo, definido por Samuel Huntington em seu ensaio publicado em 1957, se divide em três categorias: a aristocrática, a autônoma e a situacional. A "aristocrática", como indica a palavra, é uma categoria centrada em uma classe social (a aristocracia, que pressupõe um governo feito por aqueles classificados hierarquicamente como "melhores") que, em contexto histórico, pode ser associada à burguesia e à sua consolidação. Segundo a teoria "autônoma" do conservadorismo, ele está dissociado do contexto histórico, mas mantém características específicas, como a defesa da religião, do tradicionalismo, da família, dos valores morais mais rígidos e predefinidos, da propriedade, entre outras. A categoria "situacional" descrita por Huntington apresenta o conservadorismo em um contraste direto com posições conflitantes com ele, como o progressismo, que propõe mudanças fundamentais (quase sempre estruturais), e seu contraponto, que visa conservar as instituições vigentes.

O elaborador da teoria aristocrática citada por Huntington é o sociólogo húngaro Karl Mannheim. Segundo sua proposta, o pensamento conservador está além da tendência meramente psicológica do indivíduo de ser refratário a mudanças. O conservadorismo moderno surge como uma reação do feudalismo e da nobreza ao capitalismo, aos processos democráticos que surgem pós-Revolução Francesa, ao liberalismo e ao individualismo.

O filósofo e historiador estadunidense Russel Kirk é o expoente máximo da teoria autônoma. Para Kirk, o conservadorismo tem, como regra, a preservação das tradições morais da sociedade. Marina Basso Lacerda, em seu livro *O novo conservadorismo brasileiro*, indica, em síntese, os seis cânones do pensamento conservador segundo Kirk: a) a crença de que a vontade divina regula a sociedade e a consciência; b) afeição pela vida tradicional; c) convicção de que a sociedade civilizada exige ordens e classes; d) convicção de que a propriedade e as liberdades são necessariamente ligadas, e que o nivelamento econômico não é progresso econômico; e) convicção de que tradição e preconceito bem-fundamentado fornecem os controles sobre o impulso anárquico do homem; f) reconhecimento de que a sociedade deve alterar-se de modo lento e que a Providência (divina) é o instrumento adequado para a mudança.

A teoria situacional, que é a realmente defendida por Huntington, se aproxima mais do conservadorismo brasileiro, segundo minha avaliação. Conforme essa teoria, o conservadorismo surge como uma resposta direta e incisiva aos ataques e ameaças às instituições, em um momento histórico específico. Marx já expôs que na crise o cidadão tende a dar um passo atrás. Em análise direta, contudo, o conservadorismo brasileiro tem suas raízes – e alguns elementos – nas três categorias básicas apresentadas por Huntington, e seu nome maior e principal referência, capaz de agregar elementos teóricos dessas três vertentes, é o do filósofo e teórico político irlandês Edmund Burke. Mas, ainda assim, é na teoria situacional que podemos identificar com mais objetividade a Nova Direita.

Ao refletirmos sobre a teoria aristocrática, podemos elencar elementos apresentados pelos monarquistas brasileiros, que se alinham ao pensamento de direita e conservador, apesar de incorporar elementos das outras teorias e não se enquadrarem em um pensamento direto de aristocracia como forma de entendimento de base geral do Estado. Os monarquistas brasileiros pensam na monarquia como poder moderador, mantendo as premissas básicas da democracia (como o parlamento), excluída da categoria aristocrática. Pensando sobre a teoria autônoma, é possível fazer associação imediata com os preceitos religiosos do conservador cristão, porém o cristão brasileiro, por sua natureza, não fica focado exclusivamente no pensamento aristocrático, apenas por pensar que aqueles mais abastados merecem o *status* que possuem. É na teoria situacional que se encontra, quase sem conflitos, o conservadorismo brasileiro, especialmente por ela abarcar com mais abrangência o que se entende por neoconservadorismo. A teoria situacional apresenta um fundamento básico da Nova Direita, que é o combate ideológico e social, advindo de uma necessidade imposta pelos perigos e ameaças às instituições.

Visto por esse ponto, o neoconservadorismo brasileiro, base siamesa da Nova Direita, ao lado do neoliberalismo, é fruto de uma emulação do neoconservadorismo estadunidense, que, por sua vez, encontra parte de sua origem no conservadorismo Tory do Reino Unido, com elementos das direitas europeias, como as da França e da Alemanha. A Nova Direita brasileira surge na esteira do arrefecimento das lembranças negativas dos fatos que marcaram a ditadura militar e ensejaram seu fim, e se forma na amálgama da transformação da "direita envergonhada" que se une com o neoliberalismo e o neoconservadorismo, alguns dos seus principais pilares.

O liberalismo, que, tendo seu início no século XVII, só se consolidou e obteve relevância no século XVIII, durante o Iluminismo, foi um acontecimento hegemônico posterior na história brasileira. Quando o liberalismo era predominante na política e na economia mundiais, durante o século XIX, o Brasil se contorcia para se ressignificar como país, livre das amarras do Império, do conceito de Colônia e da necessidade de se atrelar ao mercantilismo.

Há indícios suficientes de que a busca por um posicionamento contra a monarquia no Brasil e o golpe que fundou a República brasileira foi um movimento liberal, nos moldes do que ocorreu depois do século XVII, por meio da Revolução Gloriosa da Inglaterra, em que os cidadãos se posicionaram contra a monarquia absolutista inglesa. O filósofo inglês John Locke e o economista e filósofo britânico Adam Smith são apontados como os principais nomes que contribuíram para o desenvolvimento das bases do liberalismo econômico e político.

O liberal da direita brasileira dos dias de hoje se encontra, em geral, em um pensamento mais pragmático e voltado para soluções governamentais práticas e diretas. Está pouco alinhado com os preceitos morais e religiosos do conservador, chegando a cunhar uma frase sobejamente repetida, em proporção igual à sua dubiedade: "Liberal nos costumes e conservador na economia". Ele é partidário das premissas cunhadas no Consenso de Washington, a saber, a desregulamentação do mercado de trabalho, mesmo que sob o alto custo da precarização dos empregos, a privatização, inclusive de setores estratégicos, o favorecimento e fomento do investimento estrangeiro e a redução do papel do Estado em todas as áreas, mesmo que isso limite as possibilidades de diminuição das desigualdades.

O acolhimento tácito do extremismo

Nos últimos anos, o mundo assiste à ascensão de líderes da extrema direita ao poder, líderes que tomaram para si e seu grupo radical e reacionário várias democracias liberais. Apesar de esse movimento ser classificado por alguns estudiosos como anacrônico, ele é entendido por muitos dos seus adeptos como uma nova interpretação de organização social, baseada em movimentos que fizeram parte do contexto social do passado, em especial os momentos imediatamente anteriores à Segunda Guerra Mundial. É nesse contexto que surgem neonazistas no parlamento alemão, neofascistas no italiano, o nacionalismo branco na Escandinávia, regimes autocráticos na Turquia e no Leste Europeu e os vistosos movimentos xenófobos no Brexit, em conjunto com o conservador/reacionário trumpismo.

Essa onda ideológica chegou ao Brasil quase simultaneamente ao recrudescimento da extrema direita no mundo e se consolidou na eleição de Bolsonaro. Assim como no mundo, tivemos o conservadorismo cristão de mãos dadas com o liberalismo, o nacionalismo e o libertarismo de direita, mesmo que, atualmente, essa união esteja um tanto estremecida. Surgiram desses tempos as vertentes da Nova Direita, apresentadas numa prodigalidade de novos termos, como anarcocapitalismo, e de pensadores, como Milton Friedman, Mises e Hayek; movimentos obscuros, como o misógino MGTOW (sigla para Men Going Their Own Way, em português, "homens seguindo seu próprio caminho"), a direita alternativa neorreacionária, o nacionalismo branco. Todos bem-acomodados na mesma farta prateleira, compartimentada de forma meticulosa pelos comunicadores das redes sociais, blogueiros e polemistas.

Em meio aos cultuadores das criptomoedas, defensores do Estado mínimo, religiosos cristãos e ideólogos em geral, é comum a defesa contra o que eles mesmos classificam como pernicioso ou ofensivo à sociedade. São conceitos inventados sem nenhum critério objetivo, quase sempre desprovidos de um método científico e, por consequência, frágeis em sua construção. É comum ver a oposição ao "marxismo cultural", baseada em ideias caricatas e imprecisas sobre o que eles entendem por "marxismo", associado a uma distorção do conceito de "indústria cultural", apresentado no livro *Dialética do esclarecimento*, dos filósofos Theodor Adorno e Max Horkheimer, da primeira geração da Escola de Frankfurt. Todo o escopo do conceito de "marxismo cultural" é enviesado, a despeito de ser repetido com grande eloquência pelos ideólogos. Assim como o conceito de "ideologia de gênero", outra distorção do desenvolvimento de "gênero fluido" apresentado por Judith Butler em seu livro *Problemas de* gênero. Nesse caso, segundo os pensadores da extrema direita, seria possível um professor ou qualquer outro "alterar" a orientação sexual de uma pessoa por meio de palavras ou "doutrinação", o que não tem nenhuma comprovação científica. Ao cabo, a ciência e os estudos desenvolvidos na área apresentam exatamente o contrário do que é afirmado na teoria de "ideologia de gênero" apresentada pelos extremistas.

Não contente com as afirmações imprecisas e o desenvolvimento teórico débil, a Nova Direita brasileira é pródiga na criação de movimentos que se originam dessas teorias. O movimento "Escola sem Partido" é quase todo baseado em teorias obscuras, como a "ideologia de gênero". Sua premissa é a reinterpretação da pedagogia sob a ótica de um pensamento neoconservador e reacionário, que trata o aluno com base nos primórdios do pensamento humano sobre educação, ainda desprovidos da interpretação moderna de desenvolvimento cognitivo. Não por acaso, o idealizador do movimento é um advogado sem nenhuma formação na área pedagógica. O mesmo pode ser observado em movimentos negacionistas, revisionistas, da história. Leandro Narloch, escritor de vários livros "politicamente incorretos" de história, não é um historiador. Assim como os egressos da faculdade de publicidade que compõem o grupo responsável pela produtora de vídeos do canal "Brasil Paralelo". A proposta é ensinar o que "não se ensina" na escola, porém sem o necessário respeito ao método historiográfico. Em termos gerais, o revisionismo histórico não é de todo ruim. É até relativamente comum que isso ocorra. Entretanto é salutar que se obedeça a um princípio científico. Se há um fato novo, este deve ser documentado, de forma a ter sua inserção no contexto histórico, da mesma forma que todos os outros. Se há algo que contraponha o fato a ser confrontado, tal fato precisa trazer junto as provas concretas que deslegitimam a narrativa em voga. Os documentos e todo o levantamento historiográfico devem ser refutados com novos documentos e novos dados. Nada disso é respeitado pelos produtores do Brasil Paralelo, que apresentam de forma muito vistosa seus vídeos, baseados em meras opiniões, com graves erros de metodologia historiográfica e sem documentos e dados concretos.

A Nova Direita também ganhou seus jornalistas e veículos de comunicação. A rádio Jovem Pan, transformada em emissora de telenotícias em uma TV por assinatura, pretende ser uma versão brasileira da norte-americana Fox News. Em detrimento da pluralidade de opiniões e com viés partidário e ideológico definido dentro da extrema direita, a emissora é recordista em suas transmissões ao vivo pelo YouTube, onde, além das transmissões das *lives* semanais de Bolsonaro, havia programas claramente voltados para a defesa do presidente. O sucesso da internet ainda não se traduziu em audiência na TV, que quase sempre se mantém no traço.

Alicerçada pelo falecido ideólogo considerado por muitos como o "padroeiro" da Nova Direita, Olavo de Carvalho, a CEDET é considerada a principal editora da extrema direita. Com seus vários selos, a CEDET trouxe ao Brasil livros como *A mente esquerdista*, de Lyle H. Rossiter, que, em resumo, afirma que, se uma pessoa tem um pensamento progressista, ela sofre de uma patologia psicológica. Com base nesse livro, foi cunhado o termo "esquerdopata". Nem é necessário dizer que o livro não traz absolutamente nenhuma comprovação científica de suas afirmações e, obviamente, nunca irá trazer, dada a impossibilidade de se atribuir uma regra cartesiana concreta a algo completamente abstrato. Mesmo assim, o livro é usado como referência por muitos extremistas e embasa um sentimento de superioridade deles.

A despeito de todos esses problemas e ressalvas, a Nova Direita brasileira tem algo que pode ser classificado como uma "identidade". Tem seus próprios pensadores, em geral críticos da esquerda e da ideologia progressista. Tem seus difusores, seus canais, corpo ideológico, representantes, agentes públicos, veículos de comunicação, editoras, conjunto teórico e uma bandeira. Tem até suas palavras de ordem – no caso de Bolsonaro, "Deus, Pátria, Família", lema utilizado pela Ação Integralista Brasileira, movimento fascista brasileiro transformado em partido, fundado em 1932 por Plínio Salgado. São inúmeras as obras que apontam a instrumentalização das redes sociais e do ambiente digital. As chamadas fake news são apontadas como ferramentas primordiais para a difusão de toda a carga de informações que a Nova Direita utiliza em suas inúmeras trincheiras de guerra cultural e ideológica.

Um discurso pronto

Como vimos no breve resumo das origens da Nova Direita brasileira, não é adequado associar sua gênese ao que entendemos hoje como "bolsonarismo". Além de seu surgimento ser bem anterior a Bolsonaro, parece cada vez mais claro que ela tem fôlego para persistir e se expandir depois dele. E, a julgar pelo que ocorre ou já ocorreu em outros países, a Nova Direita veio para ficar. Mesmo sendo um fenômeno que surge com bolhas populares, grupos políticos distintos ou até mesmo eventos específicos, percebidos de tempos em tempos, e mesmo seguindo uma tendência explícita de maior ou menor adesão, a depender de fatos históricos ou acontecimentos pontuais, é certo que, em ambiente digital, em que há fácil acesso ao cidadão comum pelas redes sociais, a tendência dessas bases argumentativas e discursos é de proliferação de nichos ideológicos dessemelhantes, que podem se agrupar indistintamente ou de forma estratégica, como na eleição de um chefe de governo.

O desenvolvimento teórico e a fundamentação ideológica parecem ser completamente descartáveis quando se observa, na prática, a instauração argumentativa na Nova Direita. Não raro, há o desconhecimento total dos pensadores que a engendraram. E isso se dá em razão do teor de ultrapopularização das mensagens e pela necessidade de distribuição rápida e sem conflitos cognitivos na informação. É nesse ponto que surgem os "senhores do caos" das redes sociais e do ambiente digital. Figuras como Steve Bannon são os primeiros a ser lembrados. Em estilo modernizado d'*O Príncipe*, de Maquiavel, Bannon apresenta como uma de suas estratégias, colocada em prática na primeira campanha de Donald Trump, a ideia de que o "personagem" deve dar declarações diárias, polêmicas, mesmo que absurdas e contraditórias, com o único objetivo de disputar espaço no noticiário. A ideia é ocupar um espaço nas manchetes e matérias da imprensa em geral, cooptando a atenção dos receptores para as notícias críticas em relação ao "personagem" ou ao seu governo. Quanto mais absurda a declaração, mais chamará a atenção e mais mobilizará as audiências.

Na disputa por espaço no noticiário, completamente carregado e desfavorável ao "personagem", é possível mudar o foco para algo sem relação direta com as notícias ruins e, com isso, modificar o pensamento e os temas, mesmo que parte da sociedade possa se indignar. Os apoiadores se mostram indiferentes e não há perda ou insatisfação por parte deles. Em meio a técnicas de manipulação de opinião pública dentro da base da oposição, há a massiva manipulação na base de apoio. A Nova Direita brasileira se especializou nesse ponto. Os discursos são simples, diretos, objetivos e, por sua natureza pautada na ausência de profundidade, trazem os elementos necessários para que qualquer cidadão, mesmo o de menor instrução, possa repeti-los e replicá-los. As linhas gerais dos principais argumentos têm clareza para coligir indignação com resistência, conhecimento breve com domínio moderado sobre o tema. Ainda usando como exemplo o discurso em torno do que a Nova Direita entende por "ideologia de gênero", percebemos uma estratégia argumentativa bem clara: a inserção de valores universais e de forte apelo para dar sustentação a uma base anticientífica e completamente imprecisa. Quem não defenderia crianças indefesas? Quando associamos essa defesa a valores morais e sociais, mesmo que difusos, temos um conjunto aparentemente sólido de argumentos. Porém, basta apenas um pequeno aprofundamento nas premissas que regem a essência da ideia para perceber quanto ela é frágil. Afinal, a ciência mostra ser impossível que alguém mude sua orientação sexual por causa de uma aula sobre o assunto ou por causa de palavras de um professor "esquerdista".

Não cabe ao militante analisar pressupostos técnicos da sua defesa, desde que haja sentido e que valores objetivos ou subjetivos estejam atrelados. Cientificamente, não há a possibilidade de uma criança ter a sua orientação sexual alterada por causa de uma aula de anatomia ou de prevenção ao abuso ou gravidez precoce. Por esse motivo, é comum dizer tecnicamente que a ideologia de gênero, tal como apresentada, não existe. É uma invenção. Mas como ressignificar um discurso tão bem-articulado e com bases argumentativas aparentemente sólidas? Esse é o desafio do combate ao discurso pronto e à manipulação prévia, como previsto no início deste texto. E esse também é um segredo básico da disseminação das ideologias, especialmente em ambiente digital. Ao integrar o militante de forma contundente, fornecendo a ele as ferramentas necessárias para que tenha condições de debater e de se posicionar, mesmo que não haja fundamentação teórica, há o conforto do entendimento, apesar da superficialidade dos temas. É o desafio das próximas décadas: entender as raízes que sustentam a ideologia da Nova Direita e tentar aproximar suas propostas à realidade dura e indissociável do mundo real.

O objetivo indireto do grupo é utilizar-se da antipolítica para ensejar a dilapidação da democracia. Nessa forma predatória de estabelecer uma nova interpretação de Estado e de poder, a verdade é instrumentalizada. Foucault afirmava que "A verdade é deste mundo; ela é produzida nele graças às múltiplas coerções e nele produz efeitos regulamentados de poder. Cada sociedade tem seu regime de verdade, sua 'política geral' de verdade". Na Nova Direita a verdade é fluida e se molda ao pensamento daqueles que compõem um lado específico. Todos os que não bebem no copo da direita, ou mesmo aqueles que querem incorporar elementos estranhos à doutrina, são inimigos. Devem ser combatidos. Não se trata de adversários apenas. Não se trata de usar amenidades para referenciar o oposto. Se está do lado de lá, ele é comunista. É petista. Por conseguinte, é ladrão, corrupto, promíscuo, contra a família, contra Deus e contra os valores da sociedade. Como o próprio Bolsonaro afirma, é "uma luta do bem contra o mal".

Mesmo que não classifiquem a esquerda ou os adversários da extrema direita como "o bem", é certo que muitos brasileiros podem classificar o pensamento armamentista como o mal. Muitos podem classificar o fundamentalismo religioso e o reacionarismo como o mal. Alguns podem categorizar o próprio Bolsonaro como "o mal". São conceitos difusos. Mas a Nova Direita se notabilizou por se apropriar de conceitos e teorias. Nesse sentido, importa carimbar o adversário com o selo de "o mal", não importa se há alguma imprecisão ou ausência de rigor na utilização do termo. É irrelevante. Mesmo que o inimigo tenha algo de bem, a Nova Direita sempre se colocará acima. Do bem e do mal.

A relevância do marxismo e a crítica vulgarizada das direitas

Francisco Fonseca*

Pretende-se analisar, neste capítulo, o papel histórico e teórico do marxismo como forma de compreensão da história e sobretudo do capitalismo. Igualmente, pretende-se analisar as razões pelas quais parte significativa dos conservadores e liberais – por vezes associados, direta ou indiretamente, às direitas e às extremas direitas – distorce a grandiloquente obra de Marx por meio de críticas vulgares. Dessa forma, este texto procura demonstrar como Marx e sua obra ocupam um lugar proeminente na história e na atualidade do pensamento e da vida em sociedade, assim como a vulgarização de seus críticos[99].

---

* Francisco Fonseca é cientista político e professor da PUC-SP e da FGV/Easp. É autor, entre outras obras, do livro *O consenso forjado – a grande imprensa e a formação da agenda ultraliberal no Brasil*.

A relevância da obra de Marx

A relevância da obra de Marx, assim como sua parceria intelectual com Engels, é incomensurável, tendo em vista que estabeleceu novos marcos analíticos para a compreensão da história da civilização, assim como elaborou um profundo, inédito e ainda contemporâneo diagnóstico das sociedades capitalistas. Sem a pretensão de esgotar aqui como essa verdadeira revolução paradigmática foi elaborada, seguem alguns dos aspectos centrais:

- Crítica radical tanto das perspectivas cristãs, cooperativas, mutualistas e fraternas entre capitalistas e trabalhadores (definidas como utópicas por não terem como parâmetro o conflito entre as classes sociais) como das liberais, cuja filosofia e ideologia expressavam, e expressam, os valores individualistas e supostamente meritocráticos dos proprietários dos meios de produção.
- Elaboração de teoria e metodologia revolucionárias, quanto à natureza do conhecimento, para a compreensão da história a partir de contribuições da economia política inglesa, do idealismo alemão e do socialismo utópico: o materialismo histórico/dialético.
- Articulação entre a dimensão teórica, conceitual, do pensamento, e sua realização empírica: a filosofia da práxis.
- Profunda análise acerca da economia política, tendo como referência as características, a lógica e a dinâmica do capital.
- Exame dos fenômenos que aparecem sob determinada forma, mas que são ocultados por mecanismos que encobrem, como névoa, a realidade, isto é, a ideologia.
- Profundidade da análise sobre o processo de produção (a infraestrutura capitalista), em sua articulação com a superestrutura (o conjunto de mecanismos jurídicos, políticos, culturais e ideológicos), levaria à perspectiva revolucionária pelos trabalhadores organizados a partir da compreensão desse fenômeno.
- Conceituação de classes sociais como motores de mudanças nas sociedades ao longo da história e como elementos distintivos e

disruptivos, sobretudo quanto à dinâmica dos conflitos (lutas de classes) estruturantes das relações sociais.

- Compreensão do papel do Estado como "comitê executivo da burguesia", que tem como razão de sua existência (administração, burocracia, sistema de justiça, aparatos policiais/militares nos âmbitos de seus muitos monopólios) a manutenção e reprodução da sociedade capitalista. Embora o conceito de "comitê executivo da burguesia" (no sentido de Estado vinculado exclusivamente à burguesia) possa ser questionado, correntes neomarxistas afirmam que seu papel é a "reprodução da sociedade de classes" no interior do capitalismo.
- Intensa propagação do marxismo, como: corrente de pensamento; inspiração ideológica para movimentos sociais e partidos políticos; paradigma filosófico, teórico/metodológico, estético/cultural; doutrina política; eixo analítico das mais distintas disciplinas acadêmicas.
- Doutrinas políticas, como socialismo, comunismo, social-democracia, trabalhismo, entre inúmeras outras, inspiram-se, direta ou indiretamente, no arcabouço marxiano (advindo do próprio Marx) e marxista (derivações da obra de Marx por intelectuais e escolas de pensamento, tais como, entre inúmeros outros, leninismo, trotskismo, maoísmo).
- Na contemporaneidade, transformações produtivas e especulativas no capitalismo (neoliberalismo, financeirização, pós-fordismo, sociedade em rede, capitalismo de plataforma e de vigilância), na força de trabalho ("uberização" dos trabalhadores, desmobilização da classe trabalhadora, enfraquecimento dos sindicatos, "aburguesamento" do trabalhador, classes médias) e no papel do Estado ("governos empresariais" como decorrência da privatização da gestão pública e das políticas públicas, desfinanciamento, desregulação e desregulamentação de setores econômicos) reatualizam a obra de Marx. Deve-se atentar que, embora seus escritos datem do século XIX, o que implica esforço de atualização de sua obra, o aspecto central a apontar refere-se às matrizes de seu pensamento – e de seus

seguidores, que reinterpretaram seus escritos e fundaram correntes de pensamento a partir de suas chaves analíticas –, que permanecem contemporâneas.

Marxismo hoje

A maior internacionalização dos capitais, o aprofundamento dos fluxos de informação, de negócios e das cadeias produtivas e especulativas, paralelamente à Quarta Revolução Industrial (obsolescência programada, produção célere com diminuição brutal do número de trabalhadores, robótica e outros processos desarticuladores da capacidade organizativa dos trabalhadores, paradigma digital em substituição ao analógico, inteligência artificial e nanotecnologia, entre outros aspectos) e ao ataque neoliberal/conservador aos direitos dos trabalhadores, têm transformado vigorosamente o capitalismo.

Os efeitos no processo produtivo (formas e relações de produção), na circulação dos bens e serviços (consumo), nos trabalhadores (redução, pulverização, precarização e desorganização da força de trabalho), na ideologia (individualismo, consumismo, hedonismo, valores neoliberais e conservadores) e no Estado (privatização e terceirização da gestão pública e das políticas públicas) recolocam as ideias marxianas e marxistas em voga como paradigma teórico e metodológico analítico.

Os críticos liberais, conservadores e das (extremas) direitas[100]

Direita e esquerda são termos (e conceitos) nascidos durante a Revolução Francesa, rapidamente tornando-se um duo contraposto, tendo transpassado séculos, mantendo-se vivo até os dias de hoje.

Para além da localização geográfica inicialmente demarcadora de posições políticas afins, ambos os termos cada vez mais ganharam significados marcadores de identidade, aprofundando-se fortemente em polos contrapostos. Mas é importante ressaltar que, do fim do século XVIII até os dias de hoje, inúmeros acontecimentos os transformaram, ora distanciando-os ainda mais, ora promovendo certas proximidades, guardados, contudo, aspectos diferenciadores imanentes, uma vez que se trata de polos contrapostos, enfatize-se.

Quanto à "direita", sua trajetória se confunde com outras correntes de pensamento, tais como o "conservadorismo" (proveniente de E. Burke e outros) e o "autoritarismo" (oriundo de várias cepas). Mas uma imagem particular de "ordem" (autoritária, disciplinar, assimétrica e invariavelmente pró-proprietários) define inerentemente a perspectiva da direita. Logo, a oposição às ideias socialistas, comunistas, trabalhistas e social-democratas, assim como, genericamente, ao marxismo, tem ocupado essas cepas ideológicas, notadamente no que se refere às obras de Marx e de sua militância em prol dos trabalhadores.

Os comportamentos dos indivíduos em sociedade ocupam, igualmente, a agenda dos grupos à direita – daí a ênfase em questões tipicamente privadas (provindas, essas, do liberalismo), tais como família, sexualidade, estética, religião, entre outras, assim como a ênfase às instituições estatais e aos códigos legais de que deveriam se ocupar. Em outras palavras, para a direita deveria haver certa "estatização" da vida privada, tal como apontada por inúmeros autores em diversos momentos históricos. Não é coincidência, portanto, que regimes de direita, em momentos históricos distintos e em países muito diversos, caso de Bolsonaro no Brasil contemporâneo, mobilizem temas tipicamente individuais e privados como bandeiras políticas, dando-lhes caráter supostamente "público". Trata-se, aliás, de postura analisada por Marx em diversos de seus textos filosóficos e de exame da conjuntura.

Os regimes de direita têm adotado, contudo, em termos econômicos, os pressupostos "intervencionistas", por vezes keynesianos, embora sem preocupação social (caso da ditadura militar brasileira pós-1964), ou "neoliberais" (caso da ditadura militar de Pinochet no Chile e do governo Bolsonaro no Brasil contemporâneo). Quando se adotam políticas econômicas neoliberais, as direitas no poder paradoxalmente (como aludido) "estatizam a vida privada", mas "privatizam a vida pública", numa clara dessintonia teórica.

O eixo definidor das direitas – é mais prudente pluralizar o conceito, tendo em vista suas diversas conotações – é a defesa da propriedade privada e do construto da "ordem" como elemento assegurador de sua vigência. Daí deriva a lógica dos "inimigos" (internos e/ou externos): os judeus na Alemanha nazista; os comunistas (na Guerra Fria e mesmo no Brasil contemporâneo); a esquerda em geral; os trabalhadores organizados; os homossexuais (em razão de seu comportamento tido como "desviante" e "imoral", supostamente contrário à família burguesa); entre outros, dependendo do período histórico e da sociedade em questão. A xenofobia em relação a determinados grupos é, dessa forma, típica do pensamento à direita, o que fez do fascismo e do nazismo expressões máximas (e extremas) das direitas, notadamente quando ascendem ao poder. Em outras palavras, as direitas, que adotam conotações distintas (nacionalismo, neoliberalismo, autoritarismo, "democracias fraudadas" etc.), são representantes do capital e das classes médias superiores, o que implica ter no marxismo seu inimigo máximo. Não é coincidência que o bolsonarismo tenha adotado o termo – propagado pelo guru do bolsonarismo, Olavo de Carvalho – "marxismo cultural" para combater intelectuais, universidades, centros de pesquisa e todas as manifestações culturais/acadêmicas não vinculadas aos valores das direitas. A vulgarização da crítica é, ao mesmo tempo, profunda e intencional.

Dessa forma, as direitas atuam em prol do capital (e dos capitalistas), por meio da "ordem" (autoritária), consequentemente opondo-se com violência – verbal, simbólica e física – aos que, real ou imaginariamente, se opõem ao capitalismo e/ou às desigualdades produzidas por esse sistema. Assim, os trabalhadores são, via de regra, as primeiras vítimas das políticas econômicas, bem como suas organizações (sindicatos, partidos e outras formas de representação política). Tal processo é chamado, segundo G. Agamben, de Estado de Exceção Permanente, dado seu caráter intrinsecamente político. No caso brasileiro, sob Temer e Bolsonaro, não apenas a "reforma" trabalhista, a terceirização irrestrita, a Emenda Constitucional 95 (que congela gastos exclusivamente sociais), a extinção do Ministério do Trabalho (posteriormente recriado, mas como apêndice dos interesses do empresariado), a tentativa de impedir as fontes de financiamento sindical, entre outras, expressam de forma cabal o papel subalterno destinado ao trabalhador e o intento de aniquilação, por meios distintos, de suas formas de representação. Tudo que é considerado "marxismo" ou, derivado dele, "esquerda" e "esquerdismo", deveria ser combatido como – referido – inimigo interno.

Em resumo, as direitas "organizam" autoritariamente a "luta de classes" (conceito que negam veementemente, o que apenas comprova sua validade, embora com contornos distintos do havido no século XIX), tendo em vista o déficit de legitimidade do grande capital e de seus representantes, pois incapazes de conquistar o "voto popular" legitimamente. É por isso que o grande capital necessita da direita: ora pela via militar, ora pela via populista, ou ambas, caso do Brasil contemporâneo, que, por meios ilegais, via fake news (pós-verdade), direcionadas a grupos sociais vulneráveis por meio das redes sociais, demonstrou a incapacidade de as elites "jogarem as regras do jogo" provindas do liberalismo político. Logo, o "jogo sujo" das direitas torna-se fundamental para compreender a incapacidade de a direita "obter" legitimidade, como se tem observado nas eleições fraudulentas de Trump e Bolsonaro, reitere-se, cuja sombra de Steve Bannon como manipulador digital em escala global é chave para desnudar a direita em perspectiva internacional. Ressalte-se como as direitas, desde o século XIX até os dias de hoje, têm nos valores do marxismo – reais ou imaginários – seu contendor de primeira ordem.

Como aludido, daí também vir à tona novamente a "estatização da vida privada" como elemento de manipulação, forjando-se consensos ao criar e manter a lógica permanente do "inimigo": seja na economia, seja na política, seja nos comportamentos individuais e grupais. Mesmo quando eleger determinados "inimigos" tenha a função de criar "cortina de fumaça" para que temas relevantes sejam inseridos e viabilizados (de forma escusa), vinculados, por exemplo, à destruição de direitos e à reprodução ilimitada do capitalismo, isso apenas reitera a visão de mundo em larga medida totalitária da sociedade. Portanto, as direitas são por excelência antissocialistas, antissocial-democratas (e mesmo antiliberais do ponto de vista da separação entre público e privado). Afinal, pretenderem englobar temas e questões privados e públicos sob a perspectiva conservadora, autoritária e totalizante, e sobretudo oposta aos valores genericamente chamados de esquerda, caso da defesa das minorias, da igualdade social, do protagonismo aos trabalhadores e dos valores democráticos.

Dessa forma, trabalhadores, pobres, negros e indígenas que rejeitam a exploração, mulheres que não aceitam papel subalterno, homossexuais e toda sorte de "desajustados" – à luz da percepção das direitas – compõem o quadro de desafetos das direitas antimarxistas, pois as direitas destilam o ódio à reversão das iniquidades sociais e econômicas (exploração do trabalho pelo capital e desigualdades brutais) ao afirmarem a "ordem" (autoritarismo e criminalização do conflito e particularmente dos trabalhadores e dos pobres, mantendo-se a topografia social assimétrica).

A lógica das direitas pinça o conceito – fortemente ilusório – de "meritocracia", a ser utilizado exclusivamente pelos trabalhadores que, por esforço próprio e individual, rejeitando o conflito (que, reitere-se, é prioritariamente de classes, após Marx), devam se submeter às "oportunidades" geradas pela "sociedade aberta", isto é, pela economia de mercado, "livre", portanto, da regulação estatal. Nesse sentido, é significativo o já clássico livro de Kal Popper, *A sociedade aberta e seus inimigos*, como expressão sintética dos ideais da direita que se pretende "ilustrada". Mas também são significativas as obras de inúmeros neoliberais radicais, como Mises, Hayek e Friedman, todos amantes do mercado e críticos das "democracias baseadas na regra da maioria e na igualdade". A junção entre direita (e sua extremidade) e neoliberalismo, caso da ditadura chilena, é bem analisada pelo livro, e o documentário *A doutrina do choque*, de Naomi Klein, explicita o *modus operandi* das direitas no século XX.

É imanente, portanto, ao pensamento da direita o autoritarismo pela via da imagem mística da "ordem", tão bem representada pela grande mídia brasileira, como procurei demonstrar em meu livro *O consenso forjado – a grande imprensa e a formação da agenda ultraliberal no Brasil*. Igualmente, a defesa da propriedade privada (e de suas classes sociais correspondentes), de valores sociais que combinam tradição conservadora (de diversas matrizes) com a referida "estatização da vida privada", assim como a criação/perseguição a inimigos (entre os quais o "marxismo cultural"), notadamente internos, uma vez que os conflitos devem ser extirpados, configuram o cerne do pensamento da direita.

Essas vertentes no Brasil contemporâneo combinam antiesquerdismo, antipetismo e anti-intelectualismo e, por oposto, valorização da tradição, da religião, da família tradicional, dos comportamentos preestabelecidos pela ordem capitalista e pela "meritocracia" burguesa (combinação entre conservadorismo e valores burgueses). Quanto à meritocracia, as igrejas neopentecostais têm contribuído fortemente para tanto, por meio da chamada "teologia da prosperidade", que combina doutrinação religiosa com neoliberalismo individualizante.

As direitas contemporâneas, embora profundamente regressivas perante a civilização e os direitos individuais (civis), políticos e sociais, têm se utilizado vigorosamente das "modernas" tecnologias digitais para forjar supostos consensos por meio da manipulação da realidade, fundamentalmente grotesca e grosseira, tornando-a paralela ao mundo real, constituindo-se, portanto, em "realidade paralela". Representam, pois, o retorno a séculos anteriores, como o XIX, ao criarem hordas de miseráveis – tal como retratado no clássico livro de Victor Hugo, na França –, pois desprovidas de direitos trabalhistas e sociais. Para elas, a "política pública" das direitas é a violência policial, a perseguição e a opressão, notadamente àqueles que conflituam, em particular os trabalhadores organizados, bem como toda forma de manifestação cultural e outras de oposição e protestos, sobretudo as que se relacionam genericamente aos valores da esquerda e, no limite, marxistas.

Como exemplo, o pacote de (in)segurança "pública", aprovado pelo Congresso Nacional pelo então ministro da Justiça do governo Bolsonaro, Sergio Moro – figura marcante da direita ao se utilizar do cargo de juiz para perseguir opositores, notadamente Lula, e desrespeitar integralmente o arcabouço jurídico brasileiro –, se amolda inteiramente a esse quadro: blinda as elites e criminaliza os pobres, permitindo sua matança generalizada pelos aparatos policiais.

No Brasil, a direita está no poder desde o golpe do *impeachment* de 2016, mas sua questionável "legitimidade" – resultante de várias fraudes, entre as quais a criminalização da esquerda promovida pela Operação Lava Jato, e a eleitoral, pela via bolsonarista de fake news, entre inúmeras outras, enfatize-se – é cada vez menor. Daí sua sanha de esmagar os grupos de esquerda, sobretudo os que se assumem marxistas.

As instituições estatais foram, no Brasil, ao longo do tempo cooptadas e/ou apropriadas pelas direitas, tal como ocorreu, resguardadas as devidas diferenças, na República de Weimar, que preparou o terreno para o nazismo. No Brasil contemporâneo, a partir do golpe de Estado ocorrido em 2016, as instituições (Congresso Nacional, Lava Jato, MPF, PF, PGR, TCU, STJ, STE, STF, entre outras) contribuíram inteiramente para a farsa do julgamento da presidente eleita pelo voto legítimo. Portanto, é prática das direitas os golpes de Estado, seja *stricto sensu*, pela via militar, seja por formas mais sutis, como o *impeachment* (golpe parlamentar), o aparelhamento das instituições e as chamadas guerras híbridas, isto é, a manipulação digital com vistas à comunicação direta com os indivíduos.

A narrativa das direitas intenta permanentemente desconstruir a sociedade baseada em direitos, no bojo do Estado de Direito Democrático. Para tanto, historicamente jamais teve pudores em atentar, de forma violenta e/ou sutil, contra os direitos humanos (conceito que seus ativistas desprezam), contra a democracia política e social (que rejeitam), contra a maioria composta por trabalhadores (que objetivam explorar e oprimir) e contra as diversas minorias (notadamente mulheres, negros, indígenas, homossexuais, entre outras, a depender do país), uma vez que são consideradas "desviantes", reitere-se, em relação à sociedade "homogênea e dócil" requerida. Todos esses grupos vulneráveis são considerados "derrotados" e, por isso, devotos do marxismo "esquerdopata" (epíteto típico das narrativas da direita).

Os retrocessos civis e civilizatórios, a destruição do Estado de Direito Democrático e do Estado de bem-estar social – os quais estavam em processo de consolidação no Brasil – é projeto histórico e doutrinário das direitas. Para tanto, figuras ignóbeis, como Bolsonaro, são fantoches nas mãos das elites conservadoras, ultraliberais (para os pobres) e sobretudo "rentistas". Não há limites à destruição, real e simbólica.

Dessa forma, as direitas e suas extremidades têm articulado ao longo dos tempos neoliberalismo (como ideologia do capital) com conservadorismo comportamental e político (intromissão nos comportamentos privados e valorização das hierarquias e da ordem), com vistas a promover sociedades autoritárias e profundamente desiguais. As esquerdas, e sobretudo os valores advindos do marxismo, são combatidas de forma tenaz, notadamente de maneira vulgar, ao associarem suposta perversão sexual/comportamental, Estado supostamente corrupto e "baderna" (pelos trabalhadores, estudantes e militantes) às ideias advindas de Marx. O "marxismo cultural" é, portanto, a mais bem-acabada perspectiva vulgar das direitas sobre o mundo e, particularmente, sobre o marxismo.

Considerações finais

A partir da conjuntura brasileira pós-2016, conclui-se que o projeto das direitas chegou ao poder no Brasil, tendo como propósito a derrogação do Estado Democrático de Direito e do Estado de bem-estar social (ambos vinham, a duras penas, avançando desde 1988, enfatize-se) e a extirpação dos valores (ideias, símbolos, partidos, sindicatos e movimentos sociais) da esquerda.

Tal movimento das direitas é claramente internacional e tem no marxismo seu inimigo predileto, o que expressa a força e a atualidade das ideias provindas de Marx e de seus seguidores intelectuais. A crítica vulgarizada, e mesmo ignóbil, acompanha o pensamento da direita, mas na atual quadra histórica encontra no Brasil um de seus principais pilares. Conhecer o marxismo e as direitas é tarefa central para superar os grandes desafios autoritários e plutocráticos que se abateram sobre o Brasil, notadamente aos trabalhadores, aos pobres, aos pretos e aos periféricos.

Socialismo, comunismo

Marco Aurélio Nogueira*

Quem já não ouviu falar de socialismo? A expressão é utilizada de modo rebarbativo, nem sempre com critério e conhecimento de causa. Tem servido tanto para celebrar e homenagear quanto para demarcar distância e estigmatizar, tanto para elogiar quanto para difamar. É visto como se fosse o cancelamento definitivo da liberdade, que ficaria subsumida a um Estado todo-poderoso, que a cercearia e reprimiria. Em sentido oposto, é empregado para que se faça o elogio fácil, em regra enfático e passional, de uma forma de governo e de um programa de ideias que abririam os portões para o reino da justiça social e da felicidade. O socialismo é visto como um bicho-papão pronto para roubar a autonomia dos indivíduos e, ao mesmo tempo, como um momento da história em que estariam resolvidos todos os problemas que oprimem a humanidade.

Vale o mesmo para a palavra "comunismo", com o agravante de que esta, no uso corrente, carrega um estigma ainda maior, impregnado

---

* Marco Aurélio Nogueira é cientista político, professor titular da Unesp (aposentado) e articulista do jornal *O Estado de S. Paulo*.

da acusação de que os comunistas seriam propensos a governos autoritários e ditatoriais. Ser socialista seria um pecado venial, algo que se perdoa e tolera, ao passo que ser comunista seria um pecado mortal, imperdoável.

Poucas palavras têm tanto peso no léxico contemporâneo, na linguagem da vida cotidiana. O fato é que, em decorrência do uso genérico e abusivo, não se sabe bem do que se está falando quando se fala em socialismo. O que se sabe é que "socialismo" integra o vasto campo da esquerda, no qual se perfilam outras tantas correntes políticas e ideológicas: comunismo, social-democracia, liberal-socialismo, anarquismo, socialismo democrático, trabalhismo, bem como movimentos ambientalistas e extrações variadas do identitarismo contemporâneo (feminismo, racialismo, movimentos de gênero). Designações essas que, de resto, costumam mudar com o tempo e não têm o mesmo perfil conforme o país, podendo ser mais radicais ou menos.

Para pôr um pouco de ordem nessa confusão, é preciso voltar à história.

Origens e desdobramentos

Socialismo e comunismo têm uma longa trajetória no plano das ideias. Nasceram, no fundo, a partir da observação dos povos primitivos, entre os quais a propriedade privada inexistia e a igualdade prevalecia: cada membro do grupo social tinha as mesmas posses e os mesmos direitos, formando de fato uma comunidade. As comunas, desse modo, foram a base para a emergência de ideais igualitaristas: todos os membros teriam satisfeitas suas necessidades, a cooperação prevaleceria, o coletivo apoiando e dando suporte ao individual, ao familiar. Sempre houve reconhecimento e valorização das variadas formas históricas de comunismo (ou socialismo) primitivo.

Com a emergência e a expansão do capitalismo, a partir do século XVI, e sobretudo com a Revolução Industrial, no século XVIII, o quadro se complicou. A desigualdade cresceu de forma avassaladora, despejando nas cidades que surgiam massas enormes de pessoas desprovidas de meios de sobrevivência e em busca de emprego. Era uma situação desesperadora, que contava com o brutal desinteresse dos poderosos, que viravam as costas para os desvalidos, os marginalizados, os esfomeados, vendo-os como uma espécie de dejeto e de "preço" que teria de pagar em favor do progresso material. A Revolução Francesa (1789) possibilitou que se espalhasse pelo mundo europeu a perspectiva dos direitos individuais e da fraternidade entre os homens.

Em um primeiro momento, como reação, ainda no final do século XVIII, surgiram diferentes formulações fantasiosas dedicadas a corrigir o quadro social. Seus autores confiavam na generosidade dos membros da sociedade, na sua disposição de mudar o modo de pensar e no encontro de esquemas associativos que forneceriam os germes para a expansão do igualitarismo. Houve quem projetasse edifícios e cidades inteiras que estariam preparadas para garantir a justiça social no futuro. Havia preocupação sincera em reformar a sociedade, mas pouco empenho em fazer a crítica da realidade capitalista e industrial, o que deixava as proposições reformistas com alta dose de romantismo e baixa capacidade de mobilização. Robert Owen (1771-1858), Saint-Simon (1760-1825) e Charles Fourier (1772-1837) foram os principais representantes dessa escola utópica de socialismo, que compôs o que se poderia chamar de pré-história do socialismo moderno.

Passaram-se algumas décadas para que o socialismo utópico fosse superado. A expansão industrial e o crescimento imponente da massa dos trabalhadores forneceram o fermento para que se passasse a conceber a reforma social de maneira mais consistente e criteriosa, com melhor organização prática, sustentação teórica e arcabouço filosófico. As ideias utópicas fervilharam por muitos anos, incentivando a formação de núcleos operários e associações políticas, como a Liga dos Justos, na Alemanha.

O passo decisivo dessa inflexão foi dado por dois intelectuais e ativistas alemães, Karl Marx e Friedrich Engels, a quem coube o trabalho de dar forma mais bem-acabada e densidade teórica à ideia de socialismo, que na metade do século XIX já era reconhecida como expressão de uma profunda insatisfação com a situação social derivada da industrialização. O socialismo havia se convertido num desaguadouro da contestação política e se expandia em clubes, associações e organismos políticos. Necessitava tão somente de uma tradução política mais encorpada.

O socialismo marxista opunha-se tanto ao capitalismo como modo de produção e organização da vida quanto às concepções utópicas que ainda prevaleciam nos ambientes operários das grandes cidades europeias. Como integrantes da Liga dos Comunistas, Marx e Engels endossaram a designação do movimento. Com a palavra, queriam se distinguir dos socialistas de variada feição que proliferavam nas capitais europeias.

Embasada cientificamente, a crítica do capitalismo fornecia os instrumentos para que se cogitasse, de uma reforma realista, que não fossem feitas concessões ao pensamento da burguesia dominante e não se perdesse tempo em elucubrações fantasiosas, de tipo idealista, utópico. A crítica alcançava, também, as proposições políticas moderadas, que não teriam a pujança necessária para transformar a realidade. A teoria buscava fundamentação na dialética filosófica e no materialismo histórico: as sociedades se desenvolveriam conforme processos em que fatores materiais de produção determinariam a organização política e social, bem como a estrutura cultural e ideológica sob a qual se vivia. Nessa formulação, o socialismo se impunha como uma necessidade histórica e estaria possibilitado pela acumulação e explicitação de contradições, que impulsionariam a luta entre as classes sociais.

No *Manifesto do Partido Comunista*, redigido por Marx e Engels entre o final de 1847 e os primeiros meses de 1848, a pedido da Liga dos Comunistas, a ideia aparece com clareza: "A história de toda sociedade até hoje é a história das lutas de classes. Homem livre e escravo, patrício e plebeu, barão e servo, mestres e companheiros, numa palavra, opressores e oprimidos, sempre estiveram em constante oposição uns aos outros, envolvidos numa luta ininterrupta, ora disfarçada, ora aberta, que terminou sempre ou com uma transformação revolucionária de toda a sociedade ou com o declínio comum das classes em luta". Acrescentavam: "A moderna sociedade burguesa, surgida das ruínas da sociedade feudal, não eliminou os antagonismos entre as classes. Apenas estabeleceu novas classes, novas condições de opressão, novas formas de luta em lugar das antigas".

A revolução burguesa seria saudada, no *Manifesto*, como responsável pela introdução do mercado mundial, pela generalização da moeda e pelo dinamismo econômico, fatores que responderiam pela dissolução de todos os tradicionalismos e de todas as relações fixas e cristalizadas, com suas crenças e opiniões. "Tudo o que é sólido e estável se volatiliza, tudo o que é sagrado é profanado, e os homens são finalmente obrigados a encarar com sobriedade e sem ilusões sua posição na vida, suas relações recíprocas". A atuação revolucionária da burguesia, além do mais, criou terreno favorável à contínua expansão das forças produtivas, o que forneceria as bases para uma sociedade socialista de abundância e progresso. A época da burguesia, em suma, teria "simplificado os antagonismos de classe", fazendo com que a sociedade inteira fosse se dividindo "cada vez mais em dois grandes campos inimigos, em duas grandes classes diretamente opostas entre si: a burguesia e o proletariado".

O *Manifesto* explicitava, assim, uma compreensão da história como sucessão de modos de produção que, encadeando-se entre si, formariam um vasto processo movido a determinações econômicas e contradições. Enfatizaria as classes sociais como sujeito da história, tornando o mundo social acessível à razão crítica: a vida passara a ficar inteiramente impregnada de contradições e antagonismos sociais, que estimulariam a eclosão contínua de reivindicações, lutas e conflitos. A política apareceria, então, como dominação e como recurso de libertação, fator que impulsionaria uma nova revolução, agora pensada como conquista da justiça social, da igualdade e da democracia plena.

No lugar das construções imaginárias, o marxismo propunha a organização política, a formação de partidos políticos que se dispusessem a articular os trabalhadores, promovessem sua educação política e os preparassem para a luta contra o sistema. A reforma social somente viria à custa de um esforço organizado, que, municiado de um programa concatenado e de uma teoria consistente, ativasse a luta de classes e pusesse em movimento uma revolução social. No horizonte assim concebido, descortinava-se uma sociedade sem classes e sem propriedade privada dos meios de produção, que se assentaria na cooperação dos trabalhadores e numa gestão estatal que garantisse a continuidade das mudanças e organizasse os meios para tanto, se necessário valendo-se de medidas fortes.

Redigido em tom épico e vibrante, o *Manifesto* tornou-se o programa político do movimento operário que crescia, encontrando ampla difusão internacional. No texto, Marx e Engels faziam o devido elogio do capitalismo e da revolução burguesa, que, em dois séculos, mercantilizaram o conjunto da vida e submeteram as sociedades a uma constante transformação: a crise e a mudança acelerada criavam agitação e incerteza, empurrando indivíduos, grupos e classes para a contestação. O processo mesmo, assim dinamizado, provocaria choques constantes entre o caráter cada vez mais social dos meios de produção e sua apropriação privada pelas classes dominantes, terminando por criar as condições para o socialismo. Uma frase do *Manifesto* ficaria famosa: "O desenvolvimento da grande indústria abala, sob os pés da burguesia, a própria base sobre a qual ela produz e se apropria dos produtos. A burguesia produz, acima de tudo, seus próprios coveiros. Seu declínio e a vitória do proletariado são igualmente inevitáveis".

O socialismo, porém, não cairia do céu, nem derivaria automaticamente das contradições econômicas do capitalismo. Ele precisaria ser concebido como projeto e ser viabilizado politicamente, mediante intervenções deliberadas, conscientes. Sua força dependia da capacidade de organização e luta das pessoas que se sentiam prejudicadas pelo sistema e apostavam nas possibilidades de uma reorganização que estabelecesse as bases de uma nova convivência entre homens e mulheres, de uma unificação superior do gênero humano.

Para o socialismo marxista do século XIX, a classe operária era vista como fadada a uma pauperização progressiva, o que os fatos demonstrariam não existir: os ajustes políticos feitos no capitalismo, os avanços obtidos pelas disputas eleitorais, as conquistas arrancadas dos governos democráticos refrearam expressivamente o risco de pauperização. A integração política dos trabalhadores, sobretudo por meio dos partidos políticos, mostraria que era mais importante obter vantagens tópicas do que esperar uma revolução que implicaria uma "guerra civil", uma luta violenta de classes, com os sacrifícios inevitáveis. Do mesmo modo, a democratização foi retirando legitimidade da ideia de que a dominação de classe e as reformas sociais precisariam conhecer uma fase transitória de concentração de poder, assumindo mesmo a forma de uma "ditadura revolucionária do proletariado", como Marx havia antevisto na *Crítica do Programa de Gotha*, de 1875, quando se buscou a unificação dos partidos alemães em uma só organização.

No final do século XIX, o Partido Social-Democrata Alemão tornou-se a principal referência do movimento operário. Já havia passado o tempo das barricadas, e o partido se preparava para disputar eleições e travar a luta política democrática. Crescia e mostrava força, servindo de base e inspiração para outras associações. Havia se convertido na "mais forte organização alemã por número de membros e de eleitores"[101].

As diferentes facções do movimento socialista e operário, porém, não iriam se unificar, em que pesem seus ideais comuns e a aspiração a uma sociedade justa e mais igualitária. As distintas orientações doutrinárias e as divergências de posicionamento político fariam com que conflitos e rupturas se sucedessem.

Como observou com precisão Edgar Morin, "as correntes libertárias, socialistas e comunistas entraram em competição. No âmbito do próprio socialismo, passou a haver uma crescente competição entre socialista estatal e socialismo libertário, entre revolucionarismo e reformismo. Essas correntes ficaram não somente em concorrência, mas em antagonismo, e alguns dos antagonismos se tornaram mortíferos". Para ilustrar com exemplos bem conhecidos, Morin lembra que foi "um governo social-democrático que esmagou a Revolta Espartaquista na Alemanha, assim como foi o comunismo bolchevique que, na União das Repúblicas Socialistas Soviéticas (URSS), após ter tomado o poder, eliminou socialistas e anarquistas, dando início a um curso que seria radicalizado pelo comunismo stalinista. Foram a Terceira Internacional e o partido comunista alemão que, em 1931-1933, denunciaram a social-democracia como um inimigo pior do que o nacional-socialismo"[102].

Ascensão e crise do comunismo

O comunismo moderno chegou ao século XXI, após ter passado por diversos ajustes teórico-políticos, orientado variados movimentos revolucionários e conhecido a disseminação dos partidos comunistas em todos os países do mundo. A Revolução Russa de 1917 e a União das Repúblicas Socialistas Soviéticas (URSS) foram saudadas como o início de uma fase repleta de conquistas. Os partidos comunistas, impulsionados pelos soviéticos, adotaram um mesmo modelo organizacional e compartilharam ideias e estratégias de atuação, formando uma autêntica cultura política. A Terceira Internacional tornou-se um verdadeiro sistema de coordenação dos partidos de base nacional. Após a Segunda Guerra Mundial, na qual teve importantíssimo papel, a URSS praticamente incorporou à sua área de influência todos os países do Leste Europeu, que formaram, assim, um bloco comunista.

O comunismo soviético se ergueu sobre um Estado integral, muito burocrático e hostil aos movimentos da sociedade, dos grupos e dos indivíduos. Foi uma forma de "estatolatria", como anotou o marxista italiano Antonio Gramsci. Ainda que tenha convertido a URSS em potência econômica e militar e tenha contribuído para ajudar diversos movimentos de emancipação e libertação, não conseguiu ser um efetivo farol emancipador.

O totalitarismo soviético pesou como um fardo sobre os comunistas democráticos e sobre o movimento comunista internacional. Mas não deve ser confundido com o totalitarismo nazista ou fascista, que aceitava, sem maiores questionamentos, a violência como prática "persuasiva", a eliminação física dos adversários e a utilização de estereótipos raciais, étnicos e religiosos para se justificar. Ambos problematizaram a democracia representativa, mas os nazifascistas jogaram o mundo numa guerra cruel e devastadora, que produziu milhões de vítimas e que encontrou na URSS um decisivo fator de resistência e reação.

O que não estava previsto pelas formulações originárias era que a revolução soviética enveredasse por trilhas escuras e tivesse que se valer da violência e de um Estado ditatorial como recursos estratégicos e, o que foi pior, contando com o apoio de amplas classes e camadas, especialmente na Rússia. O regime de Josef Stalin, que se estendeu na URSS entre 1927 e 1953, caracterizou-se por empregar meios autoritários para impor um programa de coletivização de terras e industrialização, valendo-se, para tanto, da repressão política e da perseguição aos opositores. Representou a deformação de um programa reformista generoso, que terminou por ser submetido aos interesses e à visão de mundo de um líder autoritário que monopolizou o partido e reprimiu os interesses plurais dos cidadãos e das diversas repúblicas que se conglomeraram na URSS. Foi um período complicado para a ideia comunista.

Com o passar do tempo, tensões e divergências se acumularam no interior do Estado e do partido soviético. A ideia comunista ali elaborada, com seu modelo de Estado e de partido, foi perdendo capacidade de exercer atração mundial ou de servir de parâmetro para os movimentos progressistas. Foi então que Mikhail Gorbatchov, eleito secretário-geral do PC, buscou introduzir reformas voltadas à abertura política e econômica e à renovação, as mundialmente conhecidas Glasnost e Perestroika. A perspectiva de que seria possível corrigir os rumos seguidos pela URSS durou pouco tempo e contribuiu para desgastar ainda mais o Estado soviético. Com a queda do Muro de Berlim, em 1989, o império soviético ruiu e as complexas dimensões políticas e doutrinárias do comunismo ficaram mais evidentes.

Mikhail Gorbatchov chegou com um projeto político concebido para responder àquela situação de letargia política, corrupção e estagnação econômica. Veio impulsionado pelo esforço que, desde antes de 1985, se iniciara entre alguns comunistas e quadros técnicos para desativar o "mecanismo paralisante" que comprometera e travara o curso do socialismo. Gorbatchov buscou impulsionar uma restruturação da economia (perestroika) que viabilizasse uma saída para os impasses da gestão centralizada, para a exacerbação do "complexo militar-industrial", para a perda de competitividade tecnológica e para a estagnação e, ainda, que ajudasse a superar a tensa e frágil inserção do país na economia mundial. Procurou, também, abrir a sociedade e ampliar a transparência (glasnost), reconstituir as bases políticas da sociedade, fazer vir à tona contradições e interesses represados, solapando a burocracia dirigente a partir da generalização de uma cultura democrática e da criação de uma sociedade civil mais efetiva, com a qual seria possível dar expressão e operacionalidade política ao complexo país real. Por trás do projeto, a aposta em uma reviravolta: a de que a sociedade, e não mais o Estado-partido, deveria deter a capacidade de propulsão que se considerava indispensável para dinamizar o conjunto do sistema e injetar-lhe nova orientação.

Em seu encaminhamento prático, porém, Gorbatchov defrontou-se com a força das nacionalidades e etnias da URSS, de onde explodiam múltiplas demandas e aspirações, muitas delas de caráter anticomunista. Foi desafiado pela capacidade de reprodução da velha burocracia dirigente, que condicionaria todo o ritmo e o cronograma da perestroika. Por fim, foi obrigado a pagar um alto tributo à inexistência de uma sociedade civil capaz de dar expressão aos interesses sociais e organizá-los, politizá-los e articulá-los com o Estado. Não se tratava apenas de ausência de liberdade ou de organismos civis ativos, mas da inexistência de impulso societal favorável à mudança, já que, tanto na URSS quanto nos demais Estados socialistas da região, a longa e "unidimensional" dominação do regime soviético havia gerado pessoas conformadas e a ele ajustadas funcionalmente. Os reformadores, desse modo, como observou Hobsbawm[103], viram-se "enfrentando, além da burocracia soviética, a humanidade soviética".

"A única coisa que fazia o sistema soviético funcionar, e podia talvez transformá-lo, era a estrutura de comando do partido/Estado herdada dos dias stalinistas. Era uma situação conhecida na história russa, mesmo nos dias dos czares. A reforma vinha de cima. Mas a estrutura de partido/Estado era, ao mesmo tempo, o principal obstáculo para a transformação de um sistema que ele criara, ao qual se adaptara, no qual tinha um grande interesse investido e para o qual achava difícil conceber uma alternativa. A glasnost destinava-se a mobilizar apoio dentro e fora do aparato contra essa resistência. Mas sua consequência lógica foi solapar a única força que podia agir"[104].

A transparência e a reestruturação buscadas por Gorbatchov, em suma, destruíram o PCUS, mas não conseguiram organizar a sociedade civil plural e democrática que haviam anunciado, deixando a reforma sem sujeitos coletivos, sem instâncias de comando e extremamente dependente de personalidades fortes ou carismáticas. Em decorrência, minaram as possibilidades mesmas de uma reposição da unidade econômica e política da URSS, ou seja, da governabilidade e das bases da obediência. Em certo sentido, o projeto desencadeou forças que não conseguiu controlar e que tenderam a ultrapassá-lo. Gorbatchov entraria para a história como uma "figura trágica, um 'czar-libertado' comunista, como Alexandre II (1818-1881), que destruiu o que queria reformar e foi destruído ao fazer isso"[105].

Quando da queda do Muro de Berlim, em 1989, a imensa maioria dos partidos comunistas já havia feito seu *aggiornamento*, na esteira daquilo que, nos anos 1970, foi chamado de "eurocomunismo", bastante vinculado à elaboração teórica dos marxistas italianos em torno da ideia de "democracia como valor universal", expressão associada a Enrico Berlinguer, então secretário-geral do PC italiano. Não mais se pensava a revolução como implicando golpes de Estado, barricadas e explosões populares: o socialismo possível seria incremental, viria por reformas sucessivas e pela aceitação das regras da democracia representativa. O comunismo histórico, como ideologia, havia pacificado suas relações com o liberalismo democrático.

Também naquela altura, o Estado de bem-estar já conhecia sua crise de realização, as sociedades haviam mergulhado na revolução tecnológica e os partidos socialistas e social-democratas atravessavam um período de dificuldades e percalços. Os anos 1980 foram marcados por retrocessos políticos importantes, que atingiram em cheio os sistemas de *welfare* na Europa e puseram em xeque os recursos de regulação política das economias nacionais[106]. O neoliberalismo, com seu monetarismo e seu "Estado mínimo", atacava conquistas sociais importantes e buscava desmontar o aparato de políticas públicas dos principais Estados europeus, com repercussões mundiais. Demarcava-se com clareza o território das disputas que se seguiriam.

Em um importante livro dedicado a reconstruir criticamente a história do comunismo internacional, o historiador italiano Silvio Pons enfatizou com precisão o caráter multidimensional do fenômeno comunista:

> O comunismo foi muitas coisas ao mesmo tempo: realidade e mitologia, sistema estatal e movimento de partidos, elite fechada e política de massas, ideologia progressista e dominação imperial, projeto de sociedade justa e experimento com a humanidade, retórica pacifista e estratégia de guerra civil, utopia libertadora e sistema concentracionário, polo antagônico da ordem mundial e modernidade anticapitalista. Os comunistas foram vítimas de regimes ditatoriais e artífices de estados policiais. Protagonistas de lutas sociais e de libertação nacional, campanhas de opinião e pelos direitos de cidadania, fundaram invariavelmente regimes totalitários, opressivos e liberticidas[107].

Seja como for, o século XX foi atravessado pelo movimento, que, a partir da Revolução Russa de 1917, não somente organizou o primeiro Estado socialista da história, como também disseminou uma ideia de revolução, de partido político e de sociedade. Conforme Pons, o comunismo "marcou vida e morte, esperanças e medos, sonhos e pesadelos, identidades e escolhas de boa parte da humanidade".

Comunismo e socialismo

Em suas fases iniciais, comunismo e socialismo eram termos que pouco se diferenciavam. Todos eram socialistas no sentido de que lutavam por uma sociedade mais igualitária, justa, sem propriedade privada dos meios de produção. Com o tempo, isso foi se alterando. Primeiro, mediante a afirmação de que o socialismo representaria uma etapa da luta pelo comunismo, uma fase inicial, antessala na qual seriam realizados alguns ajustes institucionais e governamentais que preparariam a transição comunista. A desigualdade ainda prevaleceria, mesmo que atenuada. O comunismo viria em um momento posterior, mais avançado. Socialistas seriam aqueles para quem a revolução decorreria de reformas encadeadas, consensos e moderação política; comunistas, por sua vez, seriam os que pensavam a transformação de uma forma mais radical e impetuosa, sem concessões.

Distinções também surgiram no interior do próprio movimento socialista, em meio a lutas entre as diferentes alas, nas designações dos grupos políticos que atuavam nos grandes partidos operários europeus, como o Partido Social-Democrata Alemão, no qual Marx e Engels militaram. A ideia de que os comunistas representariam a ala mais avançada do movimento dos trabalhadores colaborou com o surgimento de conflitos e divisões. Nas primeiras décadas do século XX, os comunistas foram formando partidos próprios, decisão fortemente estimulada pela Revolução Russa de 1917.

O movimento operário que viera da Revolução Industrial ingressou, assim, em uma nova fase. Conceitos e programas passaram a se diferenciar, bem como as modalidades de organização e atuação.

Partidos socialistas adotariam modalidades de organização leves e abertas, sem as exigências de caráter integral que costumavam fazer os partidos comunistas, que adotavam um modelo de organização mais pesado e fechado, baseado na ideia do centralismo democrático: as bases partidárias eram autônomas para debater, mas as decisões seriam tomadas pelas cúpulas centrais. A cultura partidária comunista, em regra, incorporou a ideia do partido formado na Rússia por Lênin, centralizado, com pouca flexibilidade interna e muita dedicação à conquista do Estado. Em direção oposta, o também comunista Antonio Gramsci elaborou uma variante do marxismo mais atenta às sociedades complexas de tipo "ocidental", poliárquicas e com sociedades civis encorpadas, nas quais o consenso e a persuasão democrática tornam-se fundamentais, tão ou mais relevantes do que a conquista do poder político em sentido estrito[108].

O marxismo gramsciano tornou-se, com o tempo, a principal referência teórica da esquerda.

Os socialistas iriam se fixar na concepção de que o objetivo final – uma sociedade justa, igualitária, com preponderância dos trabalhadores e proteção social – somente poderia ser alcançado mediante uma sucessão de reformas realizada por governos eleitos livremente. Sua revolução seria reformista e teria como foco a regulamentação política da economia (do mercado) e a execução de políticas públicas de caráter social (educação, saúde, emprego e renda). O Estado seria valorizado como agente dessas operações, mas sem invadir as esferas da sociedade civil e da vida individual. O Estado de bem-estar, sobretudo em sua fase de maior sucesso, entre 1950 e 1980, representaria as conquistas feitas pelos socialistas, que, valendo-se da força associativa, da adesão dos sindicatos e de disposição para negociar, celebrariam um "compromisso" de tipo social-democrático: tudo seria realizado com total respeito às regras do jogo democrático.

Os comunistas, por sua vez, concentravam-se na conquista do poder por meio de uma revolução que, em um primeiro momento, suspenderia certas liberdades formais para empreender as mudanças necessárias no sistema de propriedade, na economia e na distribuição da renda. Tenderiam a maximizar a força do Estado, aparelhando-o para cumprir novas funções e entregando-o ao controle do partido comunista. Haveria um risco bastante plausível de que tal aparelhamento derivasse para a formação de uma burocracia poderosa. Como o partido vivia colado ao Estado, não poderia contribuir para revitalizar as conexões com a sociedade e trazer novo ar para os ambientes estatais.

O socialismo comunista perdeu terreno com a crise do Estado soviético e o autoritarismo stalinista, assim como sofreu o impacto das transformações trazidas pelos novos desenvolvimentos do capitalismo e pela emergência de sociedades de tipo mais tecnológico e informacional, que, de modo geral, teve como consequência a problematização da classe operária tradicional e do mundo do trabalho, que eram o principal sustentáculo dos partidos comunistas. Muitos partidos comunistas buscaram novos formatos e designações, experimentando uma transformação na própria identidade, processo esse que continua em aberto no século XXI.

O mundo global e as transformações derivadas da revolução técnico-informacional também afetaram os partidos socialistas e social-democráticos. A esquerda como um todo ficou com maior dificuldade de dialogar com os novos termos da dinâmica social, que trouxeram novas exigências de participação política, ampliação da esfera pública democrática, movimentos de gênero e raça, redes sociais, ideologias nacionalistas e individualização crescente. A reiteração da democracia fez par com a irrupção de partidos de extrema direita e de líderes populistas "iliberais".

O socialismo precisou se reinventar e reiterar alguns de seus princípios básicos. Teve, por um lado, de dialogar com as vertentes múltiplas do "individualismo", desejosas da existência de uma ordem social de novo tipo, que liberaria o indivíduo e lhe reconheceria direitos e dignidade, como tem sustentado o sociólogo francês Alain Touraine. A esquerda, em suma, precisaria acompanhar a evolução das sociedades, despojando-se dos dogmatismos acumulados ao longo de sua própria história, entre os quais estava o desprezo pela questão do indivíduo e de sua autonomia. Seu combate se deslocou para o terreno da luta contra o egoísmo e o desinteresse pelos outros.

O individualismo também trouxe junto um maior questionamento da democracia e a emergência de posturas refratárias à política, tornando mais difícil e custosa a governança coletiva. Isso implicou, para o socialismo, a necessidade de reforçar a ideia de que suas relações com a democracia eram orgânicas, constitutivas do próprio projeto socialista. O tema acompanhou a história do socialismo, recheando-se de ingredientes sutis: a democracia enfatiza aspectos liberais e individualistas (propriedade privada, direitos individuais, liberdade de opinião, debates públicos ampliados), ao passo que o socialismo está inevitavelmente associado a uma imagem de sociedade coletivista, na qual os interesses gerais deveriam pesar tanto quanto os interesses individuais; os direitos sociais, a justiça social e a igualdade deveriam ser a estrela-guia, com peso equivalente ao da liberdade.

Passou a ser indispensável ao socialismo conceber uma "esquerda do indivíduo", aberta para as novas expectativas cidadãs e os novos formatos de vida coletiva, uma esquerda que saiba atribuir, com a justa dosagem, um papel fundamental ao Estado e à proteção social.

O socialismo e as ideias liberais

O desafio teórico e político das esquerdas voltou-se para demonstrar que democracia, liberdade e socialismo se completam e caminham juntos. A experiência histórica ajudava: no decorrer do século XX, a democracia foi-se afastando do liberalismo econômico ortodoxo e abraçando ideias sociais, do mesmo modo que as correntes socialistas se convenceram sempre mais da necessidade de sistemas democráticos para poder governar sociedades complexas e executar programas de reforma social.

Despidas de seus excessos dogmáticos e devidamente contextualizadas, as ideias liberais e as ideias socialistas têm muitos pontos de contato entre si. Há sólidos princípios democráticos no socialismo e no comunismo. Socialistas liberais, como Norberto Bobbio, por exemplo, combinam a igualdade com a democracia liberal e buscam conceber uma situação democrática que não ceda demais ao liberalismo no terreno econômico e valorize o liberalismo político. Mesmo no comunismo, a democracia é uma expectativa: viria, em sua forma mais perfeita, quando a igualdade estivesse plenamente configurada.

O inverso também é verdadeiro: a igualdade não é estranha ao liberalismo. Aparece nele sob a forma da igualdade perante as leis e da igualdade política, clara homenagem ao *demos* da democracia, o povo. A igualdade de oportunidades combina-se com uma melhor distribuição de renda, de modo a garantir a todos os indivíduos a cobertura das necessidades básicas e a disputa por empregos no mercado. Liberais democráticos não são refratários a intervenções estatais, especialmente nas áreas da educação, da saúde e da regulação econômica. Pensam que a igualdade fornece ajuda importante para a formação de consensos políticos e para a ideia de "bem comum", melhorando assim a qualidade da democracia, na medida em que aumentaria a autonomia dos indivíduos e os afastaria dos currais eleitorais.

Estamos, pois, em um terreno movediço, no qual é preciso caminhar com cuidado, tamanhos são os desvios e os subterrâneos, onde se escondem revelações preciosas e surpreendentes.

Isso, evidentemente, não elimina o que há de tensão, contradição e distinção entre ideias socialistas e ideias liberais, cada uma das quais porta uma bem-estruturada concepção do mundo e um arsenal teórico próprio. Socialismo e liberalismo não são irmãos, e seria perda de tempo apagar suas divergências. São duas tradições distintas, e assim permanecerão, cada uma com suas apostas, suas convicções e seus códigos de conduta. Mas há algo nelas que também as aproxima e as alimenta, no mínimo fazendo com que seus seguidores reduzam suas taxas de autossuficiência e descubram, no outro, estímulos para se renovar ou corrigir suas limitações. Entre um liberal democrático e social como Jean-Jacques Rousseau e um marxista como Antonio Gramsci há muito mais afinidade do que entre Rousseau e um neoliberal ou entre Gramsci e um stalinista. Rousseau antecipa teses – sobre a desigualdade, o interesse comum, o Estado, a liberdade e a democracia – que levariam seu liberalismo às fronteiras do socialismo e ajudariam Marx em suas formulações. A crítica marxista do liberalismo jamais significou a negação das ideias liberais, mas sim, ao contrário, sua superação, a assimilação do que há de mais avançado nelas.

Há consistentes princípios democráticos tanto no socialismo quanto no comunismo, ainda que os partidos comunistas tenham demorado tempo demais para aceitar a democracia política como tal. A própria ideia de justiça social – cada um deve receber a justa parte que lhe cabe na aventura humana e na vida em sociedade – é uma ideia democrática. A igualdade de todos, para os liberais, limita-se à esfera legal: todos seriam iguais perante as leis. Para os socialistas, ela deve ser ampliada de modo a ultrapassar a dimensão das leis. Ambas são formulações de tipo democrático, mas têm concepções distintas de democracia e do lugar que a democracia deve ocupar em uma sociedade socialista.

O socialismo desafiado

A mundialização capitalista e as políticas neoliberais adotadas em diversos países trouxeram problemas complicados para os socialistas: a pobreza, que se manteve, as desigualdades, as migrações massivas, o pessimismo dos jovens, o desemprego estrutural, a lógica econômica predatória, o consumismo desenfreado, a desvalorização do trabalho, a questão climática e a ambiental.

Ainda em 2008, a socialista Ségolène Royal, então candidata à presidência da França, afirmou com clareza que "o social e a ecologia podem salvar a economia, juntamente com uma nova correlação de forças a ser criada". Para tanto, seria preciso "inventar outro modelo de desenvolvimento, em um mundo no qual os recursos estão rareando"[109].

Seria essa a porta por onde o socialismo se viabilizaria. A esquerda, para ela, precisaria incorporar uma "lucidez radical", sem se resignar: "Ser seguro de seus valores e não fazer concessões diante da realidade, olhando-a com coragem e sem fatalismo". Ser socialista, acrescentou, é "acima de tudo desejar a justiça, combater as desigualdades de todo tipo, o que é algo indispensável hoje em dia". Para os socialistas, não se conceberia uma sociedade "onde a competição individual seja a única regra; a negociação e o reconhecimento mútuo são as regras essenciais".

Como enfatizou o filósofo liberal-socialista Norberto Bobbio, o principal tema da esquerda histórica, "comum tanto aos comunistas quanto aos socialistas, é a remoção do maior obstáculo à igualdade entre os homens: a propriedade individual", tema esse que encontrou diversas traduções e serviu, muitas vezes, para inspirar regimes autoritários. A superação da propriedade individual, mesmo quando circunscrita à posse de meios de produção, é um objetivo controverso, de difícil realização. Mas o ideal de uma igualdade cada vez maior continua a ser uma possibilidade do processo de civilização, além de ser, para a esquerda, "a estrela polar a ser contemplada e seguida"[110].

O socialismo democrático, ainda que abalado pelas dificuldades de reprodução do Estado de bem-estar e pelos impactos da revolução tecnológica-informacional, conseguiu se preservar como expressão mais viva do universo plural das esquerdas. Suas correntes principais (comunismo, socialismo, social-democracia, trabalhismo, liberal-socialismo) mantiveram-se ativas, adotando perfis e designações variadas, conforme os países. Continuam a ser malvistas pelo liberalismo conservador, pouco compreendidas pela opinião pública e vilipendiadas pelas guerrilhas ideológicas do extremismo de direita. Mesmo assim, estão a se reproduzir como atores políticos importantes, seja em termos eleitorais, seja na formulação de políticas e na gestão governamental. A bandeira da reforma social permanece hasteada, tremulando e fazendo vibrar a democracia.

O que é esquerda?

Claudio Gonçalves Couto*

Para responder à pergunta que intitula este capítulo, não é possível falar apenas sobre o que é esquerda, já que essa é uma posição política definível apenas de forma relacional. Ou seja, para dizer o que é a esquerda é preciso também dizer o que é a direita e, assim, de que forma elas se constituem, uma por contraposição à outra. Afinal, não haveria esquerda se não houvesse direita e vice-versa. Por essa razão, a discussão que aqui será feita trabalhará sempre com essa contraposição: para definir o que é esquerda será necessário todo o tempo diferenciá-la do que é direita.

Um dos mais surrados lugares-comuns do debate político é o de que a clássica distinção entre esquerda e direita já não tem mais cabimento no mundo contemporâneo. Será mesmo? Observando-se o cenário político brasileiro em 2021, é possível verificar se isso é mesmo verdade, vislumbrando até que ponto esse lugar-comum

---

* Claudio Gonçalves Couto é cientista político, mestre e doutor pela USP, professor adjunto do Departamento de Gestão Pública FVG-Easp; pesquisador CNPQ, integrante do seu comitê de área. Atua, sobretudo, com o tema instituições políticas. Produz o canal e podcast *Fora da Política não há Salvação*, que também circula como blog na revista *Carta Capital*.

– como tantos outros – não passa de preconceito ou, quem sabe, descreve bem a realidade.

Para que tal observação seja possível e faça sentido, é necessário, primeiro, fixar um critério do que se entende por direita e esquerda. Afinal, no debate de senso comum sobre a política não há um entendimento consensual sobre isso. Uma definição minimalista, mas que me parece útil para dar conta de situações muito variadas, é de que, enquanto a esquerda propugna pela igualdade, a direita não só aceita, mas inclusive defende a desigualdade – e daí é possível extrair uma série de derivações. Essa disputa em torno da díade igualdade-desigualdade, aliás, é o que permite estabelecer a distinção fundamental também para o filósofo político Norberto Bobbio, em seu célebre e indispensável livro, *Direita e esquerda: razões e significados de uma distinção política.*

Voltando às origens da distinção, e como já apresentado em capítulo anterior, na Assembleia Nacional Francesa, durante o período revolucionário, os que se sentavam à direita de seu presidente eram os apoiadores do antigo regime e das desigualdades que o caracterizavam, alicerçadas nas distinções estamentais que conferiam privilégios aos ocupantes dos estratos sociais superiores (clero e nobreza). À sua esquerda sentavam-se os que defendiam o fim do antigo regime e, com ele, das distinções estamentais que engendravam desigualdades. Desse modo, não só foi estabelecida ali a terminologia, como também a associação entre os dois termos e as preferências em relação à dicotomia igualdade-desigualdade. A direita se compunha dos conservadores e reacionários, defensores da manutenção da velha ordem, ou mesmo do retorno a uma ordem anterior; a esquerda, por sua vez, era integrada pelos liberais, que advogavam pela mudança simbolizada pelo lema revolucionário "liberdade, igualdade, fraternidade". Não é à toa que a noção de igualdade é central nesse lema.

A igualdade postulada pelos liberais do século XVIII e da maior parte do XIX, contudo, não era de natureza econômica ou política, mas civil: eliminando-se a distinção estamental, todos seriam iguais perante a lei, não cabendo mais, portanto, tratamentos diferenciados decorrentes do nascimento ou do exercício de funções religiosas. Ainda não era um problema para esses liberais inicialmente revolucionários e, depois, incorporados ao sistema político estabelecido, a questão da igualdade política – que implicaria o direito de voto e de ser eleito a todos –, nem a da igualdade econômica, que implicaria ganhos, propriedade ou lugares igualitários no processo econômico.

Com o advento da industrialização, do movimento operário e do socialismo, o espaço da esquerda passou a ser ocupado por este último, deslocando para a direita (talvez para o centro, num primeiro momento) o liberalismo (já que conservadores e reacionários ainda permaneceram à direita dos liberais). O socialismo postou-se à esquerda do liberalismo por defender mais igualdade do que ele, agregando à equivalência civil de honra social e igualdade jurídica (possibilitada pela superação da sociedade estamental) a demanda por igualdade econômica – e, indiretamente, por igualdade política.

No último quarto do século XIX e nos princípios do século XX, nos países em que se estabeleceu a política competitiva dos regimes representativos, inaugurada pelo liberalismo, iniciou-se a luta pelo direito universal de voto, independentemente de classe social ou estamento. Essa luta começa como um pleito das classes trabalhadoras organizadas, inspiradas e conduzidas por movimentos e partidos socialistas. Assim, a democracia vinga não como uma evolução espontânea do estado liberal-representativo, porém apenas para os grupos privilegiados. Ela decorre de uma luta política que exige a inclusão das classes desprivilegiadas – trabalhadores, não proprietários e pobres de um modo geral –, que mereceriam direitos políticos iguais aos das altas camadas da sociedade. Portanto, a democracia moderna nasce como uma reivindicação de esquerda.

A democracia contemporânea é um somatório da lógica competitiva e representativa do Estado liberal com o sufrágio universal e elegibilidade universal – sem quaisquer distinções censitárias (primeiramente de renda e propriedade, depois de gênero, com o sufrágio feminino, também ele decorrente de luta política por igualdade). Aliás, a democracia, igualitária que é politicamente, requer o direito universal não só de voto, mas também de elegibilidade – e, portanto, de mando. Se todos são iguais, devem sê-lo não apenas para votar, mas também para ser eleitos e exercer o poder de mando inerente aos cargos públicos – principalmente os de natureza governamental.

Nessas democracias, uma vez estabelecidas, a disputa entre esquerda e direita tornou-se o principal balizador das contendas políticas, tanto nos órgãos representativos quanto nas eleições. E, como as organizações cruciais de tais disputas eram os partidos políticos, os sistemas partidários passaram a se organizar ao longo da dimensão esquerda-direita. Tal estruturação dos sistemas partidários facilita muito a vida dos eleitores, já que lhes fornece atalhos cognitivos para que façam escolhas baseadas em suas preferências de valores com respeito à questão da maior ou menor igualdade e das políticas adequadas para lidar com ela. Sabendo o eleitor em que lugar do espectro está cada partido, fica mais fácil decidir qual é merecedor de seu voto.

Todavia, a política democrática pregou uma peça naqueles que tomavam a dimensão esquerda-direita de forma estática e simplista. A preocupação dos eleitores com soluções práticas para seus problemas cotidianos, para além de considerações abstratas em relação a valores últimos, fez com que a maioria dos cidadãos não se posicionasse de forma categórica num dos dois polos da dicotomia. Embora muitos desejassem mais igualdade econômica, não entendiam necessariamente que a forma de alcançá-la fosse pela socialização dos meios de produção; embora muitos se mantivessem apegados à hierarquia social estabelecida, não acreditavam que ela devesse permanecer completamente imutável. Noutros termos, a maior parte dos cidadãos não era puramente de direita nem de esquerda. E, como para vencer as eleições é preciso agradar ao maior número de eleitores possível, os partidos com anseios mais amplos passaram a moderar suas posições, com vistas a arrebanhar um número cada vez maior de votos daqueles que não compartilhavam inteiramente de suas posições, estivessem elas à esquerda ou à direita.

Tal movimento dos partidos que tentavam se tornar majoritários fez com que tanto a direita como a esquerda se moderassem, assumindo mundo afora uma feição cada vez mais mediana no espectro ideológico – de centro-direita ou centro-esquerda. O caminho rumo à moderação centrista não implicou uma abdicação completa do posicionamento à direita, ou à esquerda, mas uma relativização, ou atenuação dele. Nos sistemas bipartidários (como nos Estados Unidos ou na Inglaterra), foi a própria dinâmica eleitoral que levou os partidos a posições de maior moderação em relação àquilo que é a sua forma de polarização, de modo que o comportamento parlamentar e governativo apenas reflete um processo que já ganhou corpo na disputa eleitoral.

Nos sistemas multipartidários (como o nosso), a dinâmica eleitoral ainda possibilita um posicionamento ideológico mais claro, ao menos nas eleições proporcionais – como aquelas para o Legislativo. Assim, partidos pequenos, ideológicos e menos propensos a adernar para o centro permanecem mais aferrados a posições nitidamente direitistas ou esquerdistas. Contudo, tanto as eleições majoritárias (como as para a presidência, governos estaduais e prefeituras) quanto a formação de coalizões (de governo ou eleitorais) tendem a levar os partidos a uma moderação de suas posições originais. Afinal, é bem provável que eles tenham de se aliar a agremiações de orientação ideológica diferente da sua, e a convivência será impossível se uns e outros não fizerem concessões aos parceiros – inclusive as de caráter ideológico.

No Brasil, assim como em outras democracias com aspectos institucionais parecidos, tal dinâmica é responsável por assemelhar de maneira significativa os principais contendores partidários – tanto no âmbito nacional como no local. Isso não significa que não haja diferenças relevantes (de política econômica, política externa, políticas sociais etc.), mas tal relevância está longe de corresponder a uma polarização radical – razão pela qual os principais contendores habitualmente têm, de forma rotativa, os mesmos aliados em suas coalizões.

Até pelo menos 2013, no Brasil, com as Jornadas de Junho que levaram às ruas massivas manifestações, a radicalização ideológica não estava no sistema partidário, mas apenas em segmentos extremados da opinião pública e em grupelhos de pouca relevância política geral. Aquelas manifestações trouxeram à tona e deram vazão a extremismos que antes se mantinham restritos a alguns nichos, sem aparecer significativamente na arena pública. Assim, surgiu uma extrema direita que foi às ruas pedir a intervenção militar, o fim dos partidos políticos e a censura a formas supostamente "imorais" de manifestação artística e ensino nas escolas. A ela não chegou a se opor uma esquerda igualmente extremada, exceto pela efêmera e localizada ação dos assim chamados "black blocs".

Essa extrema direita, que foi normalizada em seu embate político com uma esquerda moderada, mas estigmatizada (especialmente no caso do Partido dos Trabalhadores), culminou na chegada ao governo federal do grupo comandado por Jair Bolsonaro. A aliança de centro-esquerda, que em 2022 se desenhou entre essa mesma esquerda moderada e alguns de seus antigos detratores, mostra que Bobbio tem razão ao afirmar, em seu livro, que numa democracia a distinção principal não é entre esquerda e direita, mas entre extremistas e moderados. Moderados conseguem dialogar e se unir; extremistas não.

Essa categorização pode causar dois tipos de estranhamento. Primeiramente, aos que compreendem que a distinção crucial entre esquerda e direita se refere não à díade igualdade-desigualdade, mas à maior ou menor intervenção estatal na economia. Em segundo lugar, a quem supõe que, como a igualdade se tornou um princípio fundamental das democracias contemporâneas (e mesmo de regimes socialistas não democráticos), não haveria quem a ela se opusesse. Na verdade, as coisas são um pouco mais complicadas do que presume esse senso comum.

A associação automática entre a esquerda e o intervencionismo econômico decorre de um posicionamento específico com relação ao assunto, que tem como referência a perspectiva econômica liberal – ou, ao menos, de um certo liberalismo. Para essa perspectiva, com efeito, tal intervenção deve se ater ao mínimo indispensável à proteção dos contratos e da propriedade, bem como à solução de certos problemas de ação coletiva necessários à produção de uns poucos bens públicos, permitindo que o mercado se ocupe sozinho da alocação ótima dos recursos. Já que tal posição é vista, ou mesmo se assume, como sendo de direita, pode-se inferir que a intervenção nos mercados seria coisa da esquerda. Mas não é tão simples, e nem sempre é assim.

Primeiramente, porque alguns intervencionismos são de direita. Para ficarmos no caso brasileiro, não seria possível dizer que não houve uma orientação de direita na forte intervenção estatal que caracterizou o desenvolvimentismo do regime militar nos seus Planos Nacionais de Desenvolvimento (I e II PND). E por que era de direita tal intervencionismo? Porque seu condão não era igualitário.

Ao contrário, promovia o aumento das desigualdades. Vivia-se um tempo cuja orientação era, declaradamente, a de primeiro fazer o bolo crescer para depois distribuí-lo – frase atribuída ao ex-ministro da Fazenda Antônio Delfim Netto, que nega tê-la dito dessa forma[111]. Independentemente da autoria ou da real formulação da ideia, o fato é que o regime militar percebia o aumento da desigualdade como necessário à promoção do crescimento, mediante o acúmulo de capital e seu consequente investimento: os recursos são apropriados de forma bastante desigual pelos capitalistas, eles acumulam um grande excedente e, como seu consumo perfaz apenas uma parte dessa riqueza, o resto vira poupança e é investido; com investimento, o bolo econômico cresce. Certamente, tendo em vista não só a aceitação, mas o entendimento da necessidade da desigualdade, tratava-se de um intervencionismo de direita.

Contudo, o entendimento de que a desigualdade fomenta o crescimento não é peculiar à direita intervencionista. Ele é explícito também em correntes importantes do ultraliberalismo econômico. Um prócer do pensamento econômico ultraliberal (ou neoliberal), Ludwig von Mises, dizia categoricamente que "a desigualdade de renda e de riqueza é uma característica inerente a uma economia de mercado. A eliminação dessa desigualdade destruiria completamente qualquer economia de mercado"; afinal, "em um sistema em que haja desigualdade, o egoísmo impele o homem a poupar e a procurar investir sua poupança de maneira a melhor atender às necessidades mais urgentes dos consumidores. Em um sistema igualitário, essa motivação desaparece"[112]. Ou seja, como segundo essa perspectiva a desigualdade é necessária para que o mercado funcione, ela é, portanto, desejável.

Por isso, o intervencionismo apenas pode ser associado à esquerda se seu condão for igualitário. São condizentes com um intervencionismo de esquerda políticas de redistribuição de renda, que oneram os mais ricos e transferem recursos para os mais pobres mediante diferentes tipos de política social. O mesmo vale para políticas regulatórias que obrigam os próprios agentes privados a promover algum tipo de redistribuição, como é o caso do salário mínimo. O mero desenvolvimentismo não pode ser entendido da mesma forma, pelas razões já indicadas.

Aliás, decorre da diferença nas políticas públicas – mais do que nos valores professados – a oposição crucial entre esquerda e direita. Afinal, existe uma tendência secular à difusão da igualdade como um princípio moral universalmente aceito, reforçando o entendimento generalizado de que ninguém deveria se opor a ela. Por essa razão, o que se torna efetivamente um problema político é como passar da vaga profissão de fé à prática, implementando políticas que de fato produzam equalização. Ocorre, contudo, que são justamente as políticas públicas que suscitam os maiores conflitos.

Por exemplo, impostos mais altos e progressivos sobre a renda e a propriedade geram reação dos que são onerados pela busca da equalização. Por questionarem o mérito profissional e a herança familiar como únicas formas aceitáveis de acesso à riqueza, políticas de transferência de renda para os mais pobres ofendem convicções arraigadas e sofrem rejeição de parte daqueles mais bem posicionados na hierarquia social da distribuição dos recursos econômicos.

A mesma coisa se dá com políticas cujo condão é reduzir não só as diferenças de renda, mas também o acesso a lugares e símbolos de distinção social baseados na capacidade de consumo: a perda da exclusividade, quando concretizada, torna-se dolorosa para muitos que antes se viam como detentores únicos de privilégios, prazeres e símbolos inacessíveis à maioria. Nessas horas, a dicotomia igualdade-desigualdade se explicita novamente, no discurso e nas atitudes – de certa forma, a velha distinção estamental, de *status* social, do antigo regime, ressurge na sociedade de consumo como distinção nele baseada. Bens e lugares "exclusivos", justamente porque excluem, reafirmam as desigualdades simbólicas. Portanto, a defesa dessa distinção social é também de direita, e seu oposto, por consequência, de esquerda.

O conflito acerca da igualdade também ocorre em dimensões que não são direta ou indiretamente econômicas, como orientação sexual, gênero e etnia. Uma política como a do direito ao casamento entre pessoas do mesmo sexo é igualitária e, portanto, de esquerda, porque busca tratamento igual a cidadãos que, devido à sua diferença em relação ao padrão familiar predominante, se viam relegados a uma condição inferiorizada ou clandestina – não raro, considerada criminosa. Isso também vale para políticas que assegurem a mulheres e negros tratamento e oportunidades iguais àqueles conferidos a homens e brancos, respectivamente – e não só em termos de oportunidades econômicas. É isso que faz com que a reação a tais políticas possa ser classificada como uma posição de direita, mesmo que não se trate, a princípio, de questões econômicas. Digo aqui "a princípio" porque é evidente que as discriminações sexual e racial têm efeitos econômicos. Só que aqui o mecanismo causal inicial não é a própria riqueza, mas o sexo ou a etnia: uma desigualdade acarreta a outra. E a oposição a medidas que mitiguem ou eliminem tais desigualdades é, certamente, de direita. Logo, seu oposto é, por definição, de esquerda.

Nesses casos, assim como na distribuição da riqueza, a intervenção estatal tem caráter esquerdista quando seu propósito é igualitário, buscando alterar uma situação de desigualdade que é automaticamente produzida pela dinâmica social ou pelo mercado, sem a necessidade da ação do próprio Estado para encetá-la. Por outro lado, políticas de negação ou estigmatização das diferenças, que reforçam a condição social desigual de indivíduos e grupos sociais diversos – como, por exemplo, a proposta de "cura gay" ou a segregação racial –, são claramente intervenções estatais de direita.

É por isso, aliás, que o nazismo – racista como regime e como ideologia – é de direita, e não de esquerda (como alguns querem erroneamente fazer crer). Mais do que isso, a defesa de uma desigualdade supostamente natural – como a racial –, estabelecendo que haveria "raças superiores e raças inferiores", é tão extremada que o nazismo, mais do que ser simplesmente de direita, é de extrema direita. O extremismo também se explica por mais uma característica (de esquerda ou direita): seu caráter inerentemente intolerante e violento. Posições moderadas à esquerda e à direita não seriam nem intolerantes, nem violentas.

Considerações finais

Um primeiro elemento fundamental desta discussão é o de que esquerda ou direita se definem sempre historicamente, contextualmente e de forma relacional. O que foi esquerda num momento pode se tornar direita noutro, embora o contrário não seja verdadeiro – na medida em que posições políticas cujas bandeiras eram a defesa de um certo tipo de igualdade, a partir do momento em que tal igualdade se concretiza, constituindo a ordem estabelecida, sua preservação já não se constitui numa posição de esquerda. Isso porque ser de esquerda implica defender continuamente a redução das desigualdades presentes na ordem estabelecida, sejam quais forem.

Desse modo, o liberalismo foi claramente uma posição de esquerda no século XVIII, pois se opunha à desigualdade civil (estamental) – aliás, foram os liberais os primeiros esquerdistas da história. Caminharam para a direita porque, uma vez estabelecida a igualdade civil, os liberais passaram a se opor a outras formas de igualdade, como a econômica e a política.

O socialismo se constituiu numa posição de esquerda por defender a igualdade econômica; como esta dificilmente é plenamente estabelecida, ele continua sendo uma posição de esquerda. Desse modo, em países que implantaram regimes socialistas e estabeleceram uma ampla igualdade econômica, sua defesa deixou de ser uma posição de esquerda, pois passou a simplesmente representar a preservação do *status quo*. Contudo, como nenhum país de regime socialista se tornou uma democracia, outro tipo de desigualdade se manteve ali: a desigualdade política. Alguns (os detentores do poder governamental) eram "mais iguais do que os outros", para utilizar a expressão irônica de George Orwell no romance *A fazenda dos animais* (ou *A revolução dos bichos*, em outras traduções), uma crítica ao autoritarismo justamente dos regimes socialistas, que teriam pervertido os ideais revolucionários de caráter igualitário, criando uma nova classe social, acima das demais, definida por seu acesso exclusivo às posições de mando.

Se numa sociedade alguns têm o poder de mando e outros não, sendo-lhes vedada essa possibilidade, essa sociedade é desigual; logo, o autoritarismo é intrinsecamente desigual. A democracia exige igualdade política e, consequentemente, que o poder de mando e o direito de participação não sejam privilégio de alguns – como os dirigentes partidários no caso dos regimes socialistas historicamente constituídos (o chamado "socialismo real"), todos eles ditatoriais.

Por isso, também a luta por democracia em regimes autoritários, visto que implica a defesa da igualdade política, pode ser entendida como de esquerda nesse âmbito. Regimes autoritários, mesmo que socialistas, são de direita no âmbito da política, pois se fundam sobre uma desigualdade de direitos políticos.

É também por isso que era de esquerda um movimento como o das sufragistas, que defendia o direito de voto para as mulheres num momento histórico em que o máximo que se havia conquistado era o "sufrágio universal masculino", um oxímoro. Da mesma forma, o movimento feminista é de esquerda, visto que defende direitos iguais aos dos homens para mulheres, para além do direito de voto. Contudo, a partir do momento em que o direito de voto feminino está dado, a defesa de sua manutenção deixa de ser de esquerda – não necessariamente se tornando de direita, mas apenas sendo neutra, ou centrista, em relação a esse âmbito. O que passa a ser de esquerda no campo político é a defesa de representação igual de homens e mulheres em cargos públicos – uma luta inescapável, diante do caráter predominantemente masculino dos partidos, parlamentos e governos.

O mesmo vale para a esquerda identitária, quando defende direitos iguais para grupos subalternizados (ou minorizados, quando frequentemente majoritários numericamente na população, mas tratados como uma minoria com menos direitos). Afirmar a igualdade independentemente de raça, origem, identidade étnica, orientação sexual, religiosidade, ou qualquer outra diferença, é uma posição de esquerda, quando desigualdades nesses campos vigoram. Deixa de ser, quando tais desigualdades simplesmente não existem mais e, portanto, tornam-se um não problema naquela sociedade.

Nota-se que diferentes tipos de esquerda convivem ou até mesmo se mesclam em diferentes momentos históricos. Liberais, socialistas, democratas, feministas e identitários podem todos conviver simultaneamente num mesmo contexto histórico, quando as desigualdades contra as quais pugnam ainda existem. E, claro, é possível pensar em posições que sejam todas essas coisas simultaneamente nos mesmos indivíduos ou grupos.

Por fim, vale notar que desigualdade é bem diferente de diversidade. O respeito à diversidade requer pluralismo. O pluralismo requer tolerância. A tolerância requer moderação. É justamente o reconhecimento da diversidade como legítima que dá sentido à defesa da igualdade entre diversos. Aquilo que se é deve ser respeitado pelos demais, e, assim, não importa o que cada pessoa seja, ela deve ter direitos iguais aos das outras, diferentes dela. Ao menos, claro, de uma perspectiva de esquerda.

Neoliberalismo

Christian Edward Cyril Lynch*

O tema do neoliberalismo está em voga desde a década de 1980, quando a crise da social-democracia europeia trouxe a crítica do planejamento econômico pelo Estado e a defesa do liberalismo econômico como fórmula capaz de superar a estagnação. O sucesso dos governos conservadores de Reagan e Thatcher na retomada do crescimento econômico foi atribuído às receitas veiculadas pela Escola Austríaca de Ludwig von Mises e Friedrich Hayek. Os neoliberais se apresentam como "liberais" ou como sendo "autênticos liberais", alinhando-se, todavia, com pautas reconhecidamente conservadoras em sua dimensão política. A querela gira essencialmente em torno de um liberalismo inimigo do autoritarismo político, que mantém historicamente relações pragmáticas com a economia como secundária, e outro liberalismo, que acredita que a liberdade política depende da econômica e que

---

* Christian Edward Cyril Lynch é professor do Instituto de Estudos Sociais e Políticos da Universidade do Rio de Janeiro (IESP-UERJ), da Universidade Federal do Rio de Janeiro (Unirio) e da Universidade Veiga de Almeida (UVA). Pesquisador do CNPq e da Faperj. Sócio honorário do Instituto Histórico e Geográfico Brasileiro e presidente do Instituto Brasileiro de História do Direito. Editor da revista *Insight Inteligência*.

autoritarismo é sinônimo de intervenção do Estado na economia. O presente verbete deseja compreender o debate sobre o liberalismo ou o neoliberalismo, deixando o campo propriamente ideológico ou partidário. Ele pretende, em primeiro lugar, compreender o que tem sido o neoliberalismo no Brasil, não em abstrato, mas a partir da história. Para tanto, emprego uma metodologia extraída da chamada história dos conceitos de Koselleck, que entende ideologias como discursos estruturados a partir de conceitos ("liberdade", "igualdade", "autoridade" etc.), cujos significados elas disputam entre si. Em segundo lugar, o capítulo desloca o debate do plano mais abstrato e ideológico do "mundo", em torno de autores estrangeiros, para se concentrar em brasileiros. O objetivo é dar uma imagem mais concreta do nosso neoliberalismo, explicando-o a partir da doutrina e da prática de seus próprios adeptos.

A doutrina do neoliberalismo será apresentada pelas vozes de oito de seus mais abalizados veiculadores históricos: João Alberto Sales (1857-1904), jurista que foi o doutrinário principal do Partido Republicano Paulista e principal introdutor do pensamento de Herbert Spencer no Brasil; o jurista e político Manuel Ferraz de Campos Sales (1841-1913), irmão do primeiro, que foi deputado, senador, governador de São Paulo e presidente da República; o banqueiro e financista Joaquim Murtinho (1848-1911), ministro da Fazenda de Campos Sales; o engenheiro e economista Eugênio Gudin (1886-1986), economista e publicista que foi ministro da Fazenda do presidente Café Filho, autor de diversas coletâneas de artigos e o primeiro da linhagem a fazer referência a Mises; o jurista e literato Henrique Orciuoli (1896-?), êmulo de Gudin; o economista e diplomata Roberto Campos (1917-2001), ministro do Planejamento do governo Castelo Branco e principal difusor do pensamento de Hayek; o diplomata José Osvaldo Meira Penna (1917-2017), principal arauto da doutrina no Brasil; e o economista Paulo Roberto Guedes, ministro da Economia do governo Bolsonaro. Ao final, o capítulo apresenta também algumas contendas históricas entre "liberais" e "neoliberais", que ajudam a compreender as diferenças entre eles.

Liberalismo e neoliberalismo na história do pensamento político

O advento da democracia, com a ampliação progressiva do eleitorado, a partir de 1870, obrigou os liberais britânicos, franceses e norte-americanos a admitir a intervenção do Estado no domínio socioeconômico, para assegurar condições materiais mínimas de igualdade para que um número maior de cidadãos pudesse fruir os direitos de liberdade. A versão conservadora do liberalismo, chamada *libertarianismo econômico* ou "neoliberalismo", surge no final do século XIX como reação a esse processo de democratização política, impulsionado pelo socialismo e pelo alargamento do sufrágio. O neoliberalismo é uma doutrina política cuja base não é o liberalismo político, mas o liberalismo econômico. Trata-se formalmente de um híbrido de liberalismo e conservadorismo, porque, se apresenta características liberais, como o individualismo, por outro lado eleva o mercado à condição de organizador derradeiro da vida social, intangível porque produto de forças extra-humanas. O principal responsável foi o filósofo britânico Herbert Spencer, que, a título de salvar o liberalismo econômico da época oligárquica, desenvolveu em *O indivíduo contra o Estado* (1884) uma versão "científica" da doutrina, destinada à preservação do Estado mínimo e do governo das elites.

Depois da Primeira Guerra Mundial, o libertarianismo econômico seria renovado pela chamada Escola Austríaca, de Ludwig von Mises e Friedrich Hayek, cujos livros mais populares foram, respectivamente, *Liberalismo segundo a tradição clássica* (1927) e *O caminho da servidão* (1944). Ambos recriaram a doutrina, substituindo a ênfase na evolução por uma organização social centrada no mercado, apresentado como "natural" e insuscetível de modificação "pela vontade arbitrária do homem". Uma vez que o liberalismo econômico e o político seriam indissociáveis, o destino da "democracia" dependeria da vitória da livre iniciativa sobre toda forma de dirigismo econômico, inclusive formas moderadas de planejamento econômico.

O neoliberalismo como sinônimo de integração mundial de mercados e a liberdade econômica como princípio organizador do mundo político

Ao contrário do liberalismo, que acredita no esclarecimento progressivo do homem pela razão e em sua capacidade, ainda que moderada, de empregá-la para a criação de uma ordem política mais livre e justa, o neoliberalismo acredita que a civilização se deve ao livre funcionamento do mercado, de acordo com determinadas leis naturais do mundo econômico-político, insuscetíveis de alteração pela vontade humana. O "capitalismo" ou "liberalismo econômico" é compreendido como um sistema econômico natural, criador de uma realidade objetiva, surgida espontaneamente. Nada poderia regular esse movimento, porque, segundo Murtinho, "nenhum poder humano pode alterar as leis naturais"[113]. O neoliberalismo também é menos pensado politicamente em termos liberais – como integração de uma sociedade humana universal em torno de valores, como liberdade, dignidade e democracia – do que como um mercado mundial, caracterizado pela livre circulação de empresários, consumidores e mercadorias.

No agregado, o automatismo do mercado, ao anteceder a democracia, produzia uma sociedade mais rica, que acabava por favorecer o maior número de pessoas. A liberdade é interpretada pelos neoliberais principalmente como "liberdade econômica", e a soberania dos indivíduos, como exercida antes no âmbito do mercado do que da sociedade civil. Para Alberto Sales, eram elas que viabilizavam a ordem natural do mundo social, regido pela "lei fatal da concorrência, que só faz com que triunfem os mais fortes e os mais competentes"[114]. O indivíduo não é definido como cidadão, mas como produtor econômico, consumidor e contribuinte. A justiça social é considerada um produto das leis do mercado, cujo livre funcionamento por parte de empresários criativos, em um contexto de população tecnicamente educada, geraria riqueza pública e emprego por sucessivos ganhos de produtividade.

O empresariado como classe universal ("o povo")

Também aqui a diferença é significativa entre neoliberais e liberais, para quem a "classe universal", entendida como a parte valiosa do "povo" e a única capaz de fazer o mundo funcionar conforme suas leis universais, seria a "sociedade civil", encarnada principalmente pela classe média e seus profissionais liberais, representados pela imprensa. Para os neoliberais, a "classe universal" se reduz ao empresariado, burguesia ou patronato (aí inclusos os banqueiros). O conceito neoliberal de democracia não remete à participação de todos, mas à liberdade como "solução de todos os problemas: sociais, políticos ou econômicos"[115]. O empresário ou "empreendedor", cidadão por excelência do neoliberalismo brasileiro, é sempre apresentado por seus representantes como uma vítima, espremida entre o peso brutal de um Estado fiscalista – dominado por uma burocracia incapaz e por industriais protecionistas – e sindicatos de trabalhadores liderados por líderes esquerdistas e preguiçosos. A soberania do povo no neoliberalismo brasileiro remete, assim, à prevalência da vontade dos agentes econômicos. O neoliberalismo se caracteriza, então por uma concepção esvaziada da política, entendida prioritariamente, como desejava Campos Sales, como "pura administração". Por essas razões, o neoliberalismo é tipicamente antipolítico.

Os inimigos do neoliberalismo: o "socialismo", a "burocracia", o "nacionalismo industrialista" e "os intelectuais"

O primeiro grande inimigo dos neoliberais seria o partido dos "socialistas comunistas". Estes são definidos por Murtinho como partidários do retorno ao regime de "escravidão primitiva"[116] que pretenderiam a apropriação e o engrandecimento do Estado para liquidarem a propriedade privada. Ao intervir para favorecer os trabalhadores, o socialismo lhes retirava o estímulo de que careciam para progredir, que era a competição. A legislação social criada pelo trabalhismo de Getúlio Vargas seria fruto de "uma política puramente demagógica"[117]. Para os neoliberais, a "ideologia" são os outros, conforme declarava Gudin: "Um [o neoliberalismo] é um sistema econômico que apenas pretende ser o mais propício ao desenvolvimento econômico e à melhoria do padrão de vida das populações humanas; não é uma ideologia" [118].

O segundo inimigo do neoliberalismo é a "*burocracia*", isto é, os servidores públicos, referidos invariavelmente como esbanjadores e parasitários. Murtinho considerava a suposta tendência do brasileiro para o funcionalismo uma espécie de dependência química[119]. As diferenças entre o serviço público e a iniciativa privada são encaradas invariavelmente como privilégios. Os direitos sociais e trabalhistas são vistos por Gudin como empecilhos para o desenvolvimento da economia e uma cruz a mais para ser carregada pelo empresário, gerando efeitos sempre opostos aos pretendidos, como mais pobreza e desemprego. Para Roberto Campos, a burocracia constituía um "'Estado profundo" que resistia à redução de sua participação na renda nacional. As imperfeições dos mercados eram "muito menores e mais autocorrigíveis que as imperfeições do burocrata"[120]. O Brasil não precisava proteger-se do "capitalismo selvagem", e sim livrar-se do "cartorialismo selvagem" e do "progressismo improdutivo"[121].

O terceiro inimigo dos neoliberais brasileiros são os "interesses reacionários" dos *industrialistas*, que desejavam a proteção estatal para manter monopólios e preservar o *status quo*. De acordo com Alberto Sales, querer industrializar um país ainda em estado rudimentar de agricultura importava "desconhecer de uma maneira lamentável a lei geral da evolução social. Os neoliberais brasileiros se opunham a todo incentivo industrial, salvo casos pontuais, e sempre auxiliados pela cooperação do capital internacional.

Além dos sindicatos, dos burocratas e dos protecionistas, os "intelectuais" também são considerados inimigos do neoliberalismo, porque favoreciam políticas socializantes. Os intelectuais seriam movidos por diversos incentivos: desejo de fama, notoriedade e admiração; ignorância sincera; idealismo utópico; busca por originalidade e imaginação; desejo de influenciar o rumo dos acontecimentos, sem ter a pena de meter a mão no pesado. Para Eugênio Gudin, os "intelectuais" que pressionavam pela democracia durante o regime militar eram "literatos" incapazes de ligar ideias com um mínimo de coerência e lógica[122].

O programa político neoliberal: o Estado mínimo e o papel da educação e da instrução na busca da restauração moral e da competitividade

Para a política neoliberal, o Estado não tem por missão intervir para promover, nem justiça social, nem industrialização, nem desenvolvimento, devendo se limitar a preservar as condições de livre funcionamento do mercado. As assimetrias sociais resultantes são vistas como justas, porque naturais. Ao político, caberia exclusivamente "criar as condições necessárias e favoráveis à eclosão e expansão das iniciativas dos empreendedores e os capitalistas"[123]. Nesse quadro, ao pensarem na organização das instituições políticas, os neoliberais partem de duas diretrizes gerais. Primeira, pulverizar o Estado tanto quanto possível, de modo a incapacitá-lo para o exercício de qualquer outra função que não preservar a ordem capitalista. A segunda diretriz principal dos neoliberais brasileiros em matéria de organização institucional passa por estabelecer poderes executivos fortes, capazes de reprimir quaisquer tentativas de subversão do Estado mínimo. Daí sua tendência – também aqui diversa dos liberais – de condenarem o parlamentarismo, porque anticientífico e fraco. A preferência pelo presidencialismo permanecia sob Eugênio Gudin nas décadas de 1950 e 1960, tendo em vista a incapacidade dos parlamentos cumprirem minimamente as funções técnicas e especializadas exigidas na modernidade. Entretanto, diante da possibilidade de uma presidência Brizola e Lula, Roberto Campos admitiria defender o sistema parlamentarista, desde que com voto distrital e fidelidade partidária[124].

Para os neoliberais, o destino de um país depende de uma política econômica libertária, de um lado, e da educação moral e instrução técnica da população, de outro. Só a dura disciplina da livre concorrência poderia ministrar os remédios de que a população brasileira carecia para corrigir seus vícios[125]. A instrução deveria difundir valores capitalistas, capazes de melhorar o ambiente de negócios. A população é percebida como força de trabalho que deveria estar bem qualificada para promover níveis crescentes de produtividade econômica. Para Henrique Orciuoli, a difusão de escolas técnicas profissionais "daria ao Brasil o nervo ativo de sua produção básica, melhorando qualitativa e quantitativamente, chegando ao que os modernos economistas chamam de produtividade"[126].

Historiografia neoliberal: a nostalgia do regime oligárquico

A historiografia neoliberal divide a história brasileira em duas fases, separadas pela Revolução de 1930. A monarquia constitucional e a Primeira República teriam sido excelentes regimes, governados por políticos abastados e educados, respeitadores da autonomia do mercado[127]. Depois de 1930, a democratização da política e a intervenção progressiva do Estado na economia teriam convertido o Brasil em um "Estado demagógico" corrupto e autoritário. O sufrágio universal, a obrigatoriedade do voto e o voto do analfabeto concorriam para a má qualidade da democracia. A besta-fera do neoliberalismo é o trabalhismo de Getúlio Vargas e João Goulart, que teria agigantado o Estado, corrompendo os empregados com benesses para se manter no poder[128].

A interpretação neoliberal do Brasil: anti-iberismo e demofobia; relatividade da democracia e tendência ao autoritarismo político; e política externa: alinhamento com os Estados Unidos e os organismos financeiros internacionais

O neoliberalismo radicaliza o diagnóstico liberal que rebaixa o Brasil enquanto país periférico e atrasado. O Brasil estaria sempre patinando na barbárie, carecendo de abertura comercial e financeira. O neoliberalismo faz a apologia quase irrestrita das virtudes civilizadoras da Grã-Bretanha e dos Estados Unidos, os grandes baluartes da "civilização ocidental"[129]. O choque de capitalismo vindo de fora visava a remodelar o ambiente cultural brasileiro, instilando virtudes morais desconhecidas nos brasileiros, como a previdência, o amor ao trabalho e à poupança. Todo esse diagnóstico negativo sobre o Brasil resulta em clara demofobia, porque desconfiado da participação popular e da democracia como potenciais subversores da ordem legítima. Da demofobia deflui o descompromisso dos neoliberais com a democracia brasileira. Um povo despreparado para a democracia tornava-se um empecilho para o seu próprio desenvolvimento[130]. A democracia no Brasil só poderia ser uma realidade no futuro depois de resolvido o problema da falta de educação moral e instrução profissional. A urgência de um choque libertário justificava métodos excepcionais, que burlassem a fantasia da democracia por um sistema oligárquico, até que cessasse a "imaturidade" do povo. Na impossibilidade de um governo oligárquico, a tutela militar se impunha para brecar a ameaça socialista. Daí o apoio ao regime militar, que teria sido um "autoritarismo de transição". Para Roberto Campos, o problema político estava em adaptar a democracia à economia de mercado, o que mostrava a prioridade da segunda sobre a primeira[131].

Diversamente do que ocorre com os liberais, o grande apreço dos neoliberais aos organismos internacionais se dirige menos aos de caráter político, como a ONU ou a OEA, do que aos financeiros, como o FMI, bancos e empresas multinacionais. Esses organismos são vistos como beneméritos, que contribuiriam para a produção de riqueza e para a transferência de tecnologia. Roberto Campos negava a eventual responsabilidade do FMI nas mazelas brasileiras: era o Brasil que fabricava suas recessões[132]. Daí a defesa, pelos neoliberais, de uma política alinhada aos Estados Unidos: "Estados Unidos bem, o mundo bem; Estados Unidos mal, o mundo mal"[133].

Conclusão: "liberalismo" e "neoliberalismo" no Brasil

Como em toda parte, os neoliberais brasileiros timbram em se apresentar como os "verdadeiros" liberais, contra os "falsos", como Rui Barbosa, Joaquim Nabuco, Afonso Arinos, Carlos Lacerda e Fernando Henrique Cardoso, que acreditavam na possibilidade de desacoplar o liberalismo político do econômico. O posicionamento desses liberais arquetípicos não seria autenticamente "liberal"; para os neoliberais, eles seriam "de esquerda"[134]. É possível distinguir os neoliberais dos liberais pelas críticas frequentes dos primeiros ao mais liberal dos liberais brasileiros, que foi Rui Barbosa. Campos Sales considerava Rui "a negação formal de todas as qualidades de homem de governo"[135]. Já Rui Barbosa condenava o neoliberalismo como uma pseudociência dogmática[136]. As diferenças voltariam a se manifestar durante o regime militar. Quando Costa e Silva impôs a Constituição de 1967, o liberal Afonso Arinos queixou-se de que ela continha "excessivo liberalismo econômico em contraste com o autoritarismo político". Roberto Campos redarguiu, queixando-se da tradição de intervenção do Estado e justificando o fortalecimento do Executivo pela necessidade de passar as reformas econômicas[137]. Depois de 1990, os liberais recuperariam o discurso do liberalismo econômico, voltando a apresentar um ponto de contato com os neoliberais. Nem por isso se tornariam a mesma coisa.

Embora aparentadas do ponto de vista "macroideológico", já se percebe que o "liberalismo" propriamente dito e o "neoliberalismo" são ideologias distintas. Ao contrário do que os neoliberais sustentam, o "liberalismo histórico", que representa o tronco principal da linhagem que, para aderir à democracia na segunda metade do século XIX, renuncia a aspectos secundários da doutrina, como o voto censitário e o liberalismo econômico, vinculados ao governo oligárquico e plutocrático, é o liberalismo político (ou "liberalismo", simplesmente). O neoliberalismo, ao contrário, surgiu como uma reação conservadora à adaptação do liberalismo ao ambiente democrático, destinada a preservar no novo estado de coisas a dimensão oligárquica e plutocrática do Estado de direito. Longe de "preservar" o liberalismo oitocentista, os neoliberais deliberadamente o reformularam, modificando-lhe os fundamentos, para concentrá-lo, quase que exclusivamente, na defesa do Estado mínimo.

O combate à corrupção como ideologia e sua influência eleitoral

Fernando Miramontes Forattini*

Corrupção é um dos temas que mais afetam a cultura política brasileira desde, ao menos, o fim da Segunda Guerra Mundial e da ditadura Vargas, em 1945. O tema, apesar de utilizado como justificativa ao golpe civil-militar de 1964, foi silenciado pelo regime, mas voltou a ter preponderância com a redemocratização. Fatores históricos, culturais, políticos e econômicos, endógenos e exógenos são cruciais para explicar essa influência, os quais este artigo buscará, brevemente, analisar.

---

* Fernando Miramontes Forattini é graduado em Filosofia pela USP, mestre e doutorando em História pela PUC-SP e estudante-visitante pela Universidade de Chicago, bem como fellow na *Corruption in the Global South Network.* Possui especialização em corrupção pela Transparency International School on Integrity (Vilnius, Lituânia) e pela Universidade da Pensilvânia. É autor de livros como *Foi golpe! O humor como resistência aos discursos legitimadores iniciais do golpe civil-militar de 1964*; *Desmistificando o governo Castelo Branco e sua relação com a grande m*ídia e organizador do livro *Corrupção: o que é, como nos afeta e modos de a combater.*

A predominância recente do tema da corrupção no Brasil e no mundo

O tema da corrupção ganha exponencial destaque na produção acadêmica, na mídia e, logo, na cultura política e no cotidiano do brasileiro. Para se ter uma ideia dessa dimensão, se em 1990 produzia-se, globalmente, cerca de 300 produções científicas ao ano sobre o tema, em 2019 o número subiu para mais de 3 mil produções ao ano. Em 2014, os estudos que versaram de alguma forma sobre corrupção corresponderam a quase 13% de toda a produção mundial (Google Scholar). Na grande mídia e recentemente na mídia social, a prevalência do tema também foi crescente.

É fácil entender os motivos mais aparentes que levaram a esse crescimento. Corrupção não só faz parte do imaginário de qualquer brasileiro, como possui impacto direto em sua qualidade de vida, além de aumentar a sensação de injustiça, levando ao descrédito das instituições democráticas, que têm equidade como princípio.

Estudos sobre corrupção tendem a focar tópicos como *compliance*, governança pública, legislação, estudos de caso e outros. Entretanto, pouco se dá atenção a seu aspecto cultural e consequente influência política[138].

Isso ocorre devido a uma visão limitada sobre *cultura*. Para integrantes da academia, organizações não governamentais (ONGs) e organizações internacionais (OIs) dedicadas ao tema, dizer que corrupção é também um fenômeno cultural implicaria dizer que determinada sociedade tem como característica ser corrupta. Essa visão advém de linha teórica que associa corrupção a países subdesenvolvidos (ou "em transição", conforme Huntington, 1965, e McMullan, 1961), associando o atraso econômico a um suposto subdesenvolvimento moral, de classe e institucional, que seria "curado" se seguissem as prescrições e condutas de países desenvolvidos[139]. Com o tempo, essa visão *neocolonialista* foi atualizada por métodos quantitativos e economicistas que visavam se distanciar dessas prescrições dadas por Estados, sendo difundidas por OIs indiretamente ligadas àqueles Estados, aparentando imparcialidade e visando que suas receitas fossem aceitas sem a conotação de imperialistas[140].

Corrupção passou a não ser mais vista como um problema moral interno, mas como um entrave à globalização e ao crescimento econômico, criando custos externos ao investidor. Para isso, o conceito de *transparência* foi introduzido como mantra. Visando combater a corrupção por um *viés contábil*, buscou-se garantir maior autonomia de servidores públicos em relação a interesses locais de elites político-econômicas acostumadas a privilégios, tornando as ações do Estado mais transparentes[141]. Essa visão e modo de ação são apoiados e popularizados por influentes agentes transnacionais, almejando uma globalização com o mínimo de barreiras políticas e econômicas, mas sem atacar a estrutura que propicia a corrupção.

O motivo dessa mudança

Brevemente, podemos dizer que boa parte dessa mudança advém de preocupação econômica e política global por parte dos países desenvolvidos pós-queda do Muro de Berlim e com o fim da maioria das ditaduras no mundo. Assim, diversos mercados se abriram em áreas altamente lucrativas, mas monopolizadas e com alto índice de corrupção (como infraestrutura e energia). O governo Clinton percebeu que teria que buscar outras formas para influenciar a agenda global além do discurso bipolar da Guerra Fria. Seu secretário de comércio, Ron Brown, então formulou a Estratégia BEM (Big Emerging Markets), em que sugeriu o uso de outras vertentes para garantir os interesses dos Estados Unidos: – Corrupção, Terrorismo, Democracia, Direitos Humanos e Meio Ambiente: "A guerra fria de base ideológica entre os Estados Unidos e a antiga União Soviética foi substituída por uma paz fria na qual as grandes potências lutam pela supremacia econômica em um ambiente econômico altamente competitivo"[142].

Como dito em seu relatório de 1995, é necessário criar: "um *framework* para manter a concorrência em que os governos participem dentro dos limites. Isso significa olhar para todas as ferramentas que estão sendo usadas e tentar *desenvolver as regras do jogo* para ganhar negócios"[143].

Além disso, a própria legislação interna dos Estados Unidos, e depois de outros países, tornou-se empecilho para sua competição internacional, pois, como o Foreign Corrupt Practices Act (FCPA) (1977), proibia e punia, mesmo que em atos realizados no exterior, seus cidadãos por práticas de corrupção[144]. Além disso, a pressão interna nesses países que saíam de ditaduras por políticas mais claras e efetivas na melhor gestão do bem público crescia exponencialmente, especialmente devido à liberdade de imprensa e de expressão, garantindo maior conhecimento e debate sobre os casos de corrupção durante a ditadura – como devido aos casos correntes que apareciam à opinião pública graças a uma sociedade que se reestruturava política e economicamente, trazendo incertezas legais e oportunidades políticas e econômicas para atos de corrupção. Assim, conseguir "ditar as regras do jogo" a serem adotadas de acordo com as suas era vital.

Se analisarmos a presença do termo *corrupção* em documentos do Legislativo e Executivo dos Estados Unidos, notaremos um aumento avassalador da importância desse tema, em especial correlato com *transparência.*

Figura 1 – Vertentes anticorrupção em documentos do Legislativo e Executivo dos EUA

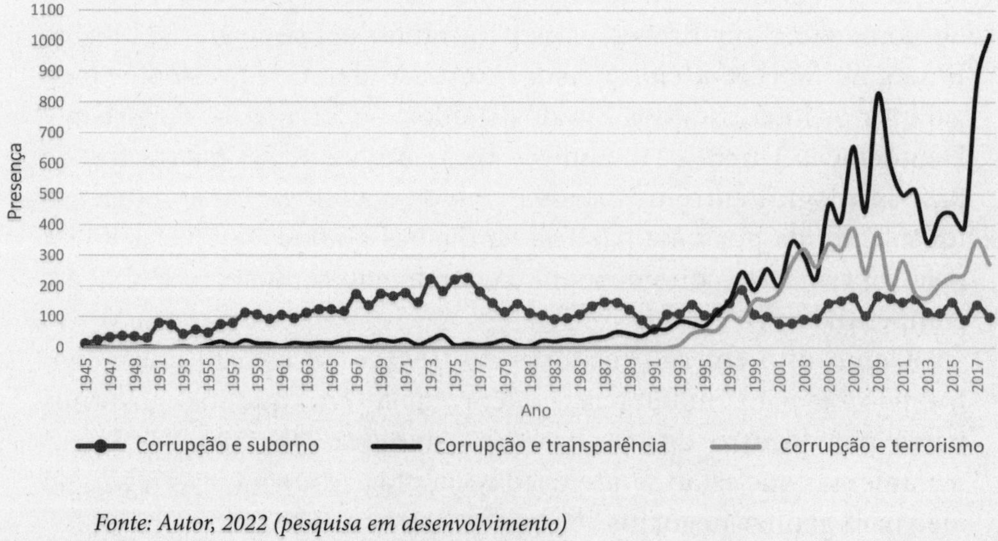

Fonte: Autor, 2022 (pesquisa em desenvolvimento)

Não é coincidência que a teoria mencionada anteriormente tenha surgido, nessa época, no campo da economia e das relações internacionais, e não mais das ciências sociais. Também não é coincidência que organizações como Transparência Internacional (TI) tenham surgido nos anos 1990 junto com outras grandes campanhas lançadas pelo Banco Mundial, FMI e OCDE, tornando o tema anticorrupção norma, mas por um escopo limitado[145]. Esses organismos não são questionados sobre suas motivações, sobre doadores e a influência que desejam possuir.

Obviamente, a ideia de transparência possui benefícios e revolucionou o modo com que o governo brasileiro presta contas à sociedade e concretiza a democracia. Mas, vale dizer, esse princípio já constava desde o início da democracia brasileira na Constituição de 1988 (aparecendo como publicidade) e foi se especializando até o país virar modelo de governança pública. O problema está em tratar a corrupção apenas pelo viés econômico-contabilístico, sem compreender quem são os atores propugnadores desse modelo, suas intenções político-econômicas e seu modo de atuação, que pode, inclusive, solapar as bases do Estado Democrático de Direito, incentivando ainda mais a corrupção.

Há que se distinguir entre *corrupção burocrática* e *política*. A primeira é o desvio do princípio de indiferença na aplicação de leis, como subornos e outras vantagens ilícitas, criando entraves aos investimentos econômicos. A segunda ocorre quando interesses particulares interferem na criação das leis. Não é estranho que essas OIs e empresas transnacionais não busquem combater a influência de interesses privados, como os seus, no processo político – às vezes tentando normalizá-la.

Reportagens do site *The Intercept Brasil* revelaram que membros da TI Brasil tinham relações nada transparentes (*back-door politics*) com membros da Lava Jato, como ao terem acompanhado Deltan Dallagnol em reunião privada com empresários para debater as eleições de 2018; ao manter contato para ajudar com a imagem privada deste e da Operação; além de ter tido acesso à minuta e opinado sobre a constituição de uma fundação privada que utilizaria dinheiro público, recebido da Petrobras (R$ 2,5 bilhões), entre outras ações[146]. Para muitos, a imagem de neutralidade da organização no Brasil foi prejudicada: "As manifestações dessa instituição estão gravemente maculadas pelo desvirtuamento ético de seus membros, que hoje não se revelam minimamente legitimados a fazer avaliação séria do combate à corrupção no Brasil" (fala de Gilmar Mendes, GGN, 7/11/2019).

As próprias recomendações de governança dessas OIs têm problemas intrínsecos. Não levam em conta as desigualdades políticas, administrativas, culturais e socioeconômicas entre países, o que leva a crer que buscam uma homogeneização normativa e política. Sua suposta neutralidade torna-se um poder normativo (Foucault, 1991). Outro problema advém da impossibilidade de quantificar a corrupção, crime com tipificações normativas distintas entre países e que em um cenário técnico-informacional globalizado torna-se virtualmente impossível de rastrear. Não medem a corrupção em si, mas a *percepção de agentes privados sobre a corrupção no poder público*.

O famigerado *Índice de Percepção da Corrupção* da TI, que elenca os países em "menos ou mais corruptos", é exemplo dessa tática. Seus problemas são inúmeros. O óbvio ululante é que entre percepção e realidade há um abismo. Não só quase que inexiste diversidade ideológica entre os participantes das pesquisas desse ranking, como suas respostas são influenciadas por preferências político-ideológicas e divergências contra leis que muitas vezes os afetam, entre outros exemplos.

O segundo problema é que boa parte desses estudos foca apenas a percepção de *agentes privados*. Ora, ao "esquecer" que agentes privados participam ativamente do processo de corrupção, esse *ranking* traz consigo a ideologia de que o mercado é corrompido pelo Estado, com sérias implicações em seu receituário de combate à corrupção. Tratar agentes privados como dotados de moral superior é erro básico, como se eles não fossem dotados de motivações, ambição etc. que levem à corrupção – ainda mais no ambiente privado, em que há forte incentivo para maximizar lucro e conquistar mercados. Também, ao excluir as empresas, países como a Suíça, apesar de ser paraíso fiscal e de ter inúmeras empresas relacionadas a casos de corrupção, continuam com ótimas séries históricas. Outros, como os Estados Unidos e a Inglaterra, não caíram de posição após escândalos como Enron, LIBOR, Lehman Brothers e AIG. "Essa agenda anticorrupção não é efeito da agenda neoliberal, é a própria agenda neoliberal"[147].

Por fim, sendo baseados em percepções, esses *rankings* tendem a reforçar resultados anteriores. Pessoa nascida em país que há décadas ocupa boa posição terá muito menos inclinação a dimensionar a corrupção nesse país, muitas vezes minimizando casos como sendo algo fora da curva. Já os que sempre figuraram como países corruptos, os agentes que contribuem com essa pesquisa tenderão a supervalorizar qualquer caso de corrupção, mesmo que o combate anticorrupção, no plano maior, esteja sendo feito. Além disso, existe o componente ideológico das pessoas entrevistadas, algo que influencia qualquer avaliação baseada em percepção.

Por exemplo, desde que Bolsonaro ganhou as eleições, apoiado pela classe empresarial brasileira, apesar de o combate à corrupção ter arrefecido[148], ainda assim o nível do IPC não sofreu queda (subiu). Encontrava-se no mesmo patamar de 2015, quando, apesar das denúncias, Ministério Público Federal, Polícia Federal e Procuradoria-Geral da República gozavam de liberdade de ação, além de existir transparência nos gastos públicos e de a Lei Anticorrupção ter sido promulgada.

Ou seja, de *quantitativo* e *neutro*, o que há é um *ranking* inacabado e subjetivo. Entretanto, o lado positivo desses *rankings* é que ao menos mantêm em evidência, anualmente, o combate a um dos maiores entraves ao desenvolvimento econômico, político e social. O problema é o modo como vêm sendo colocados em pauta.

Como mensurar o impacto do discurso anticorrupção: evitando simplificações

Entretanto, como mensurar seu impacto político e cultural? A preocupação com a corrupção está diretamente ligada ao número de casos de corrupção? Ou, como muitos afirmam, advém de manipulação por parte da elite conservadora, ou mesmo por "conspiração imperialista"? Normalmente, essas serão as duas respostas que receberemos.

A primeira é falha, pois, como visto, corrupção é um dos crimes de mais difícil mensuração, por motivos conceituais ou técnicos. A segunda é simplista, esquemática e, por isso, falha em tentar compreender o tema em sua complexidade.

A manipulação é um elemento importante que não deve ser relegado – por exemplo, estudos mostram que há uma verdadeira "indústria anticorrupção" no mundo[149], além de importantes fatores geopolíticos envolvendo interesses não só econômicos, mas também de defesa interna. No entanto, a excessiva ênfase na manipulação impossibilita a compreensão da gênese da força do discurso anticorrupção em *todos os grupos sociais*, sua aceitação e influência política e cultural.

Será a correlação entre as aspirações morais partilhadas pela sociedade, aliada a objetivos circunstanciais da luta anticorrupção, que fará com que exista a instrumentalização, sendo ela *consequência, não gênese.* A constituição de toda uma cultura política relativa à corrupção deve ser compreendida como resultado de complexa combinação entre manipulação e convicção.

Essa heterogeneidade é fundamental para compreender as bases ideológicas das diversas frentes da luta anticorrupção no Brasil, que, apesar de possuírem lugares sociais de emanação diversificados, muitas vezes serão amalgamadas sem preocupação ideológica devido a objetivos políticos. Entretanto, como o grau de cooperação entre esses grupos é efêmero no longo prazo, os interesses subjacentes permanecerão diversos, garantindo pluralidade social, ideológica, narrativa e imagética. Algo muito além da simplificação em que se incorre quando se busca tachar manifestações anticorrupção como movimento exclusivo de determinada classe social, algo que não corresponde – em quase nenhum momento histórico – à realidade brasileira[150].

A gênese da força do discurso anticorrupção

A explicação da eficácia desse discurso, entendendo a corrupção como uma força amalgamadora de discursos, vontades e representações sociais, reside, principalmente, em seu *aspecto moral, histórico e cultural.*

Primeiramente, trata-se de um discurso moral. Todos nós possuímos um código ético e moral imbuído em nossa formação identitária que aplicamos diariamente em nossas vidas[151]. Estudos mostram que em qualquer decisão que tomamos o aspecto moral é crucial, e normalmente as pessoas preferem sofrer algum mal – mesmo que físico – a serem tachadas como imorais[152]. Assim, quando podemos influir diretamente na política do país, a moralidade, normalmente via corrupção, terá maior relevância.

Mas a resposta não é tão simples, pois todos os políticos são analisados pelo espectro moral do eleitor, sempre em mutação. Logo, às vezes, partidos serão severamente punidos por casos de corrupção; e outras vezes apenas marginalmente, quando outros fatores e atores serão tidos como ainda mais imorais que o tema corrupção, como fome, desemprego etc.[153]

O segundo fator é de ordem histórico-estrutural. O fato de a importância do tópico da corrupção estar crescendo se deve a que, desde a Segunda Guerra Mundial, não só temos o aumento da discussão sobre o papel da moralidade em atos governamentais, aliada à importância da liberdade individual e de outros direitos humanos, como há predomínio estadunidense no campo político-econômico no Ocidente. Esse país irá frequentemente exportar o ideário de seu sistema liberal-democrático, uma das formas mais eficazes de influenciar a arena global (seu *soft power*).

Nesses sistemas liberais, a distinção entre bem público e privado é mais bem delineada que em outros, como no comunismo. Essa delimitação é tão patente e inerente ao sistema liberal que boa parte da sociedade, quando em época de eleições, utilizará essa distinção como uma de suas principais balizas eleitorais.

Além disso, fatores como a convivência com um sistema socioeconômico como o brasileiro, injusto, desigual e violento, especialmente por parte do Estado, faz com que diversos setores sociais busquem soluções simplistas[154], muitas vezes antissistema, como o fim da corrupção como a solução de todos os males, levando à aposta em "justiceiros" ou "salvadores da pátria".

Outro fator, menos perceptivo, é corolário dos dois primeiros fatores, algo que somente agora o campo da *Antropologia da Corrupção* explica. Essa disciplina compreende o discurso anticorrupção como algo sutil e complexo, como uma "conversação", e não pelo usual sentido provinciano/puritano[155]. A corrupção seria um relacionamento polissêmico e importante, pelo qual indivíduos se conectam com o Estado, sendo tanto um enigma etnográfico, devido à sua quase que inexplicável difusão e ao fascínio que compele em diversas sociedades, quanto um fato social[156].

Pesquisas antropológicas em todo o mundo notaram que, mesmo que existam assuntos mais importantes em variados grupos sociais, a maioria das conversações versará sobre o tema da corrupção. Em pesquisa coordenada em toda a Índia, os *corruption talks* (conversas que giram em torno da corrupção) prevaleceram sobre qualquer outro tópico, sendo mais frequentes que folclores e discussões sobre o estado das colheitas e de políticas públicas que os afetavam[157]. Na Bolívia ocorreu o mesmo: "as pessoas conversavam sem parar sobre corrupção: corrupção era como elas faziam sentido da política e do Estado"[158]. Isso também foi observado em estudos comparativos sobre corrupção na América Latina e na Europa[159]. Assim, a relação entre corrupção e narrativa, no sentido de "contar história", passar opiniões/conhecimentos/julgamentos, não pode ser subdimensionada.

Com a adoção do sistema liberal (e principalmente do neoliberal), há inegável diminuição da presença do Estado na vida cotidiana, e, quando se faz presente, para grande parte da população, sua associação é negativa, haja vista a desigualdade social, a violência, a má prestação de serviços etc. Esse afastamento gradual, aliado à crescente complexidade dos temas que influenciam a agenda pública, faz com que as pessoas se sintam desconectadas dele e dos rumos políticos da nação. Será pela utilização de um dos meios mais básicos e imediatos de realizar julgamentos – pela via moral, em especial utilizando os *corruption talks* – sobre os rumos políticos do Estado que a população buscará sentir-se, de alguma forma, conectada com a arena pública. Essa opinião pode ser, levianamente ou não, atrelada a *qualquer ato político*. Todos passamos por situações em que qualquer forma de discussão política será atrelada, invariavelmente, à corrupção. O que importa no debate anticorrupção não é tanto a sua *existência*, mas o fato de sua existência ser largamente percebida de existir.

A força da instrumentalização da corrupção

Assim, quando um dos tópicos mais relacionáveis e utilizado pela sociedade como principal forma de integração política com o Estado é instrumentalizado, seu poder como aglutinador de eleitores terá mais força do que qualquer outra forma de discurso político. Políticos populistas, de esquerda e de direita, farão uso desse discurso representando-se como honestos, muitas vezes prometendo "limpeza" política estrutural, seja por vias democráticas, seja por soluções autoritárias. Infelizmente, não há espaço para demonstrar quando tais discursos ocorreram. Basta dizer que o moralismo anticorrupção manifesta-se em ambas as vertentes políticas, muitas vezes de difícil distinção, outras, em casos extremos, facilmente identificáveis.

É difícil precisar os *incentivos* políticos que levam partidos a utilizar o discurso anticorrupção e seu grau de relevância. Entretanto, para preencher essa lacuna de modo satisfatório, utilizaremos o conceito de *tópicos de valência*[160].

A impossibilidade de não usar o discurso anticorrupção

Existem ao menos três formas básicas de atuação política com o eleitorado. Na primeira, pode-se adotar uma atitude posicional em questões políticas que criarão claro conflito de interesse entre eleitores (como ser contra ou a favor de projetos assistenciais; casamento homoafetivo etc.). Pode-se adotar atitude não posicional em políticas de valência, ou seja, em questões pacíficas que não dividem o público (como a redução da violência e do desemprego); e, por fim, atitudes posicionais de valência, mas não relacionadas a políticas públicas. Estas dividem o público, apesar de seu julgamento ser pacífico (por exemplo, sobre corrupção ser ruim ou não, todos concordam que é ruim)[161]. O discurso anticorrupção corrente fará parte desse último agrupamento: é baseado em qualidades, mas não em reais propostas.

Para entender a força desse tipo de posicionamento, deve-se saber que posições políticas de modo algum abrangem todos os aspectos da disputa eleitoral. Identificação e lealdade política e partidária, por exemplo, possuem tanta força quanto a posição de determinado partido sobre algum tópico de governança pública.

Candidatos competem não tanto por propostas, mas por quem "possui mais qualidades" (o crescimento da importância do *carisma* é fulcral para o desenvolvimento dessa forma de política). Não importa tanto "o que deve ser feito", mas "quem diz que pode fazer".

O aumento dos incentivos com o fim da Guerra Fria

Com o fim da Guerra Fria, vê-se quão importante foi esse período, ao entrarmos em uma "era de relativo consenso" sobre certos temas ideológicos. Houve certo nivelamento de importantes propostas discutidas na arena pública, exigindo nova forma de comunicação política com o eleitorado para que partidos se distinguissem, resultando na atual predominância dos "tópicos de valência" dotados de forte carga emocional, geralmente negativa. A politização desse tema tornou-se regra global. Os males socioeconômicos trazidos pela corrupção, aliados à força do discurso anticorrupção como elemento cultural unificador entre indivíduos, grupos e o Estado, trouxeram ganhos políticos expressivos ao tópico.

Figura 2 – Ênfase em corrupção em manifestos de partidos políticos no mundo por década (1940-2010)

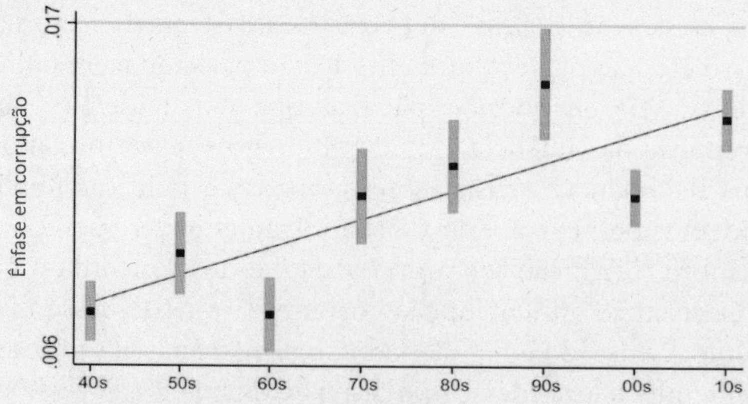

Fonte: Curini, 2018:7

A figura 2 mostra a ênfase dada à corrupção em mais de 1.200 manifestos partidários de 61 países no período de 1940 a 2010. Pode-se ver que a ênfase na corrupção possui uma linha de crescimento constante, com poucas variações ao longo da linha de tendência de alta, tendo desde 1990 mais importância que tópicos como economia, democracia, anticomunismo, multiculturalismo e defesa. Estudos mostram que, nas eleições do Parlamento Europeu de 2014, políticos que tiveram a plataforma anticorrupção como uma de suas principais estratégias obtiveram aumento de 5,6% nas intenções de voto.

Mas calma lá, não é tão simples

Essa estratégia não é garantia de voto. Primeiro, o mensageiro deve ter o mínimo de credibilidade. Se sua imagem é vista como de corrupto, a chance de essa mensagem ser positiva é pequena, sendo o efeito contrário ainda maior. Além disso, a abundância de escândalos e clara exploração do tema leva a uma "fadiga eleitoral" – o que identifico como "períodos frios". Por fim, políticos que utilizaram o tema serão avaliados com maior escrutínio e serão punidos severamente se incorrerem em falha.

Não é sem motivo que, a partir da implementação desse tema como prioridade global, teremos incremento da preponderância quando presidentes buscam se comunicar *diretamente* com o público no Brasil.

Figura 3 – Porcentagem de ênfase em corrupção em entrevistas e discursos informais

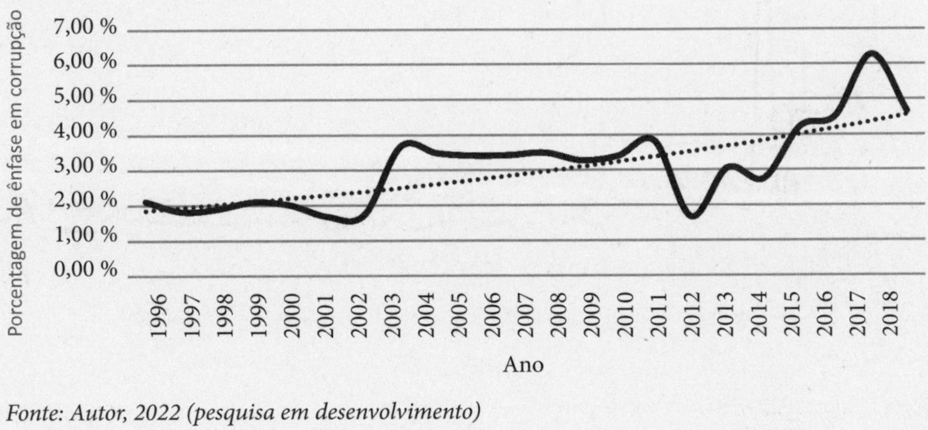

Fonte: Autor, 2022 (pesquisa em desenvolvimento)

Entretanto, quando esses mesmos presidentes se comunicam de forma pragmática e propositiva, como em suas *Mensagens Anuais ao Congresso* e em discursos pós-posse, vemos que há incrível constância histórica na preponderância do tema, muito abaixo da ênfase dada em seus programas partidários e discursos pré-eleitorais, atestando claramente que todos, independentemente de orientação ideológica, entendem a força eleitoral desse discurso a seu favor, só diminuindo a ênfase quando no poder – seja por não possuir real agenda, seja por evitar tocar em tópico que pode minar seu governo, ou por falta de articulação política para combater o problema.

Figura 4 – Porcentagem de ênfase em corrupção em discursos presidenciais e mensagens ao Congresso: 1950-2018

A figura mostra que a corrupção teve preponderância nos discursos presidenciais após a ditadura Vargas. Com a crescente participação pública, imprensa livre, urbanização, proletariado em ascensão e consolidação da força da classe média, a corrupção foi reclamação legítima e forte instrumento político. Também é preciso notar o pico no ano do golpe civil-militar de 1964, em que o discurso anticorrupção foi uma das duas principais bases discursivas de legitimação da ditadura.

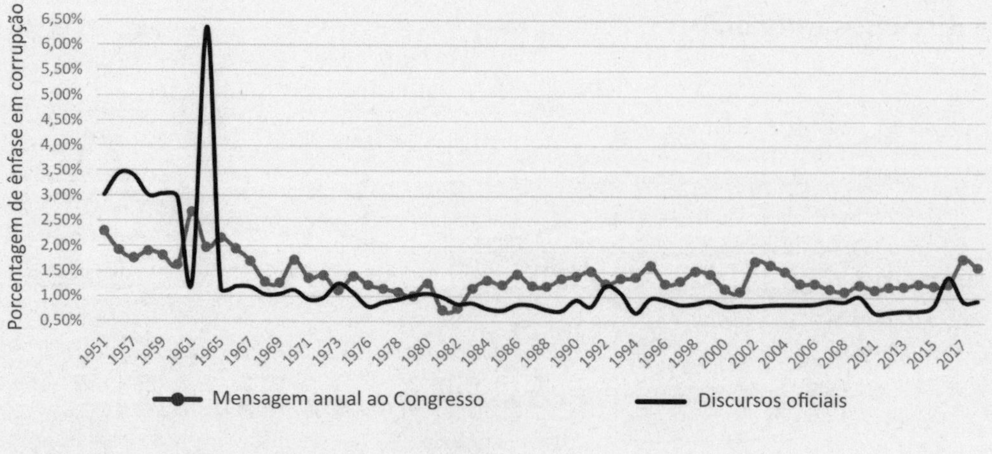

Fonte: Autor, 2022 (pesquisa em desenvolvimento)

Prova da estabilidade é a linha pontilhada que mede a anual "Mensagem ao Congresso", um discurso propositivo que mostra o nível de preocupação política com o problema quando tratado pragmaticamente. Sua preponderância é quase independente das contingências históricas. A comparação entre esses tipos de discursos mostra que a exploração/instrumentalização dessa agenda é clara em períodos eleitorais, em comparação com anos pós-eleitorais.

Vejamos a figura a seguir, que mostra a presença do tema da corrupção em todos os manifestos partidários e programas de governo de 1945 a 2020 no Brasil. Nela vemos que, apesar da heterogeneidade presente em nosso sistema partidário, podemos encontrar uma altíssima presença em relação à corrupção e a tópicos correlatos na política brasileira[162], especialmente sabendo que a média global não ultrapassa 2% a 3%[163].

Figura 5 – Presença em porcentagem do tema corrupção em manifestos partidários e programas de governo*

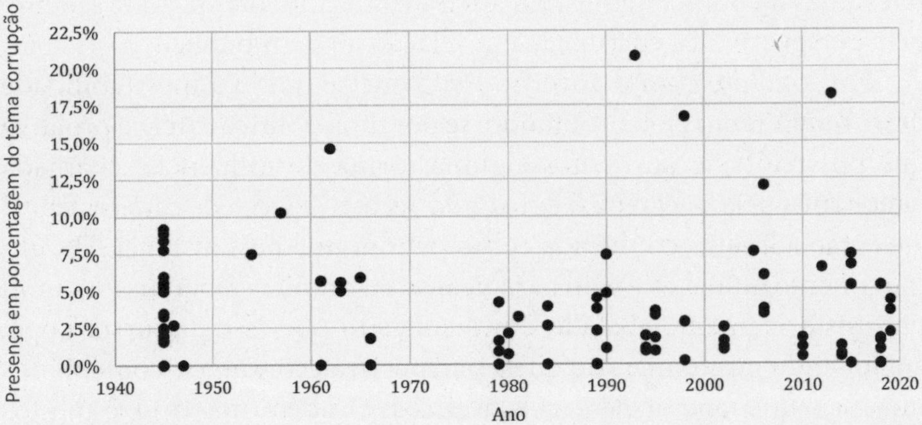

Fonte: Autor, 2022 (pesquisa em desenvolvimento)

* Por motivos de clareza, a figura não possui distinção nominal ou ideológica. Queremos prover ao leitor uma ideia do nível de prevalência do tema corrupção nos manifestos partidários e programas de governo entre 1945 e 2018.

Considerações finais

O tema corrupção é, atualmente, um dos tópicos mais complexos e poderosos enquanto fator eleitoral e coesivo de grupos sociais. Fatores morais, culturais, econômicos, estruturais e históricos, que contemplam variados interesses, internos e externos (seja por questões de influência política, econômica ou mesmo de segurança interna[164]), entram em jogo em sua definição, uso, instrumentalização e até em maneiras de analisá-la. Tachá-la apenas como instrumentalização é erro e/ou demagogia, que repetem os mesmos erros dos anos 1950[165]. Vários desses temas suscitados e correlacionados, como a importância do carisma e sua importância no desenvolvimento desse discurso, a relação entre corrupção e as normas propostas por esses organismos internacionais, as variações no que entendemos ser corrupção, como corrupção moral privada e sua força aglutinadora e motivadora em movimentos sociais em variados estratos sociais etc., devem servir para instigar o leitor a buscar leituras complementares. Busquei resumir de modo compreensível, organizado (o que não foi nada fácil) e agradável todos os temas mais estruturalmente relevantes e condicionantes no atual debate anticorrupção brasileiro, pela perspectiva da corrupção em relação ao bem público.

Foi somente com o governo FHC que se notou a inevitabilidade desse movimento global, optando-se por uma política externa proativa que possibilitasse ao menos alguma forma de influência, chamada "autonomia pela integração", em vez da agenda externa de caráter reativo até então adotada, conhecida como "autonomia pela distância"[166], um movimento global que veio para ficar, com grandes repercussões num país historicamente abalado e influenciado por esse discurso. Logo, englobando muito mais do que a perspectiva econômica-contábil nos mostra – que, apesar de certos avanços, também nos trouxe muitos males desde a década de 1990, especialmente por via de muitas de suas prescrições advindas de um campo teórico limitadíssimo[167].

O que importa é que o papel da sociedade civil é essencial, para que saiba "limpar" ao máximo esse discurso de suas demagogias e busque entender perfeitamente quem são esses emissores e como eles buscam utilizá-lo. Também é essencial que se demandem planos de ação de seus representantes e se refute o apoio em valência e em "heróis/justiceiros" que limpariam com um toque de mágica algo estrutural, de que, aliás, eles fazem parte. Esses somente produzem a divisão social na base dos "bons" contra os "ruins" e, no fim, erodem ainda mais as bases de nossa democracia. O discurso anticorrupção mal colocado, no final, é tão erosivo, às vezes mais, quanto a corrupção – e, no fim, a história nos diz que muitos de seus propositores até a incentivam.

Notas

[1] Recuero, 2020, p. 384.
[2] Dourado *et al.*, 2021.
[3] Martino, 2017, p. 66 e 73.
[4] Bourdieu, 2021.
[5] Morozov, 2018, p. 182.
[6] Ocorreram menos brigas durante as eleições municipais de 2020 do que nas eleições presidenciais de 2018. G1, 11 de novembro de 2020: https://g1.globo.com/sp/sao-paulo/eleicoes/noticia/2020/11/11/eleicoes-da-paz-eleitores-relatam-menos-brigas-em-grupos-de-familia-do-whatsapp-do-que-em-2018.ghtml.
[7] Segurado, Conceição, Marchena, 2021.
[8] Eleições de 2018 dividiram famílias por conta da polarização. BBC, 26 de outubro de 2018: https://www.bbc.com/portuguese/brasil-45987863.
[9] Levitski & Ziblatt, 2018, p.115.
[10] Polarização nas eleições de 2018 foi radicalizada na disputa entre Haddad x Bolsonaro.
[11] Levitski & Ziblatt, 2018, p.115.
[12] A rede de desinformação que propagou desinformação a favor de Bolsonaro pelo aplicativo WhatsApp durante as eleições de 2018, com o uso de robôs e disparo em massa de mensagens, continuou ativa ao menos até o primeiro ano de mandato. UOL, 19 de setembro de 2019: https://noticias.uol.com.br/politica/ultimas-noticias/2019/09/19/fake-news-pro-bolsonaro-whatsapp-eleicoes-robos-disparo-em-massa.htm.
[13] Em uma eleição muito disputada entre Jair Bolsonaro (PSL) *versus* Fernando Haddad (PT), o disparo em massa de mensagens falsas foi utilizado para atingir o Partido dos Trabalhadores.
[14] Bolsonaro durante o governo adotou uma estratégia antissistema de ataque ao STF e veículos de comunicação, como Grupo Globo e Grupo Folha. BBC, 1º de novembro de 2019: https://www.bbc.com/portuguese/brasil-50263127.
[15] Chicarino *et al.*, 2021.
[16] Segurado, Chicarino *et al.*, 2022.
[17] Tandoc Jr., Lim & Ling 2017, p.138, tradução livre.
[18] Allcott e Gentzkow, 2017, p. 4.
[19] Recuero, 2020, p. 385.

[20] Compreendo a noção de veículos de comunicação dominantes no campo do jornalismo a partir de Bourdieu (2021). No Brasil, essa noção engloba a grande imprensa constituída por jornais, como *Folha de S.Paulo*, UOL, Grupo Globo, *Estadão,* TV Record, Grupo Bandeirantes, CNN Brasil, Jovem Pan, entre outros. Veículos como Jornal da Cidade on-line ou Brasil 247 são exemplos de não dominantes no campo.

[21] Tandoc Jr., Lim & Ling, 2017, p. 147.

[22] Gomes & Dourado, 2019, p. 34.

[23] Tandoc Jr., Lim & Ling, 2018, p. 149.

[24] Segurado & Chicarino, 2022.

[25] Morozov, 2018, p. 183.

[26] O ex-presidente dos EUA, Donald Trump, utiliza a desinformação intencionalmente em sua estratégia. Bolsonaro utiliza o mesmo modo de operar politicamente. G1, 9 de novembro de 2020: https://g1.globo.com/mundo/eleicoes-nos-eua/2020/noticia/2020/11/09/relembre-as-mentiras-mais-famosas-de-trump.ghtml.

[27] Nobre, 2020.

[28] Hunter, 1991.

[29] Levitsky & Ziblatt, 2018, p. 94.

[30] Assim como Donald Trump, o presidente Bolsonaro utiliza a desinformação intencional para mobilizar sua base de apoiadores. Aos Fatos, 3 de janeiro de 2022: https://www.aosfatos.org/noticias/bolsonaro-disse-cerca-de-sete-informacoes-falsas-ou-distorcidas-por-dia-em-2021/.

[31] Bucci, 2019b, p. 278.

[32] Adorno, 2020.

[33] Arendt, 1967, p. 22.

[34] Bucci, 2019, p. 24.

[35] Arendt, 1967, p. 26.

[36] Bucci, 2019, p. 24.

[37] 67% dos estudantes de 15 anos do Brasil – quase sete a cada dez – não conseguem diferenciar fatos de opiniões quando fazem leitura de textos. G1, 6 de maio de 2021: https://g1.globo.com/educacao/noticia/2021/05/06/67percent-dos-estudantes-de-15-anos-do-brasil-nao-sabem-diferenciar-fatos-de-opinioes-afirma-relatorio-da-ocde.ghtml.

[38] Miguel, 2018, p. 21.

[39] Vasconcelos, 2008, p. 53.

[40] Mouffe, 2015, p. 50.

[41] Levitski & Ziblatt, 2018, p. 33.

[42] Levitski & Ziblatt, 2018, p. 34.

[43] Pesquisa de doutorado em Ciências Sociais em andamento. Coleta feita em grupos conservadores e progressistas. Foram sete dias de observação em relação a veículos compartilhados nos grupos.

[44] Por meio de grupos de discussão e entrevistas em profundidade com indivíduos divididos por faixas etárias, ambas as atividades on-line por conta da pandemia de covid-19, os entrevistados foram separados entre conservadores e progressistas, termos antitéticos com valor analítico típico-ideal que permitem a compreensão de comportamentos (SEGURADO & CHICARINO, *et al.*, 2022).

[45] Segurado, Conceição, Marchena, 2021.
[46] Chicarino *et al.*, 2021.
[47] THE WORLD BANK. Latin America & Caribbean. Disponível em: https://data.worldbank.org/region/latin-america-and-caribbean
[48] UNITED NATIONS. **World´s cities in the 2018**. Disponível em: https://www.un.org/en/events/citiesday/assets/pdf/the_worlds_cities_in_2018_data_booklet.pdf.
[49] THE WORLD BANK. **Gini index**. Disponível em: https://data.worldbank.org/indicator/SI.POV.GINI.
[50] PROGRAMA DE LAS NACIONES UNIDAS PARA EL DESARROLLO. **Informe sobre Desarrollo Humano 2020**. Organización de las Naciones Unidas: Nueva York, 2020. Disponível em: https://hdr.undp.org/sites/default/files/hdr2020_es.pdf.
[51] QUIJANO, Aníbal. **Colonialidad del poder, eurocentrismo y América Latina**. En: Quijano, A. Cuestiones y horizontes: de la dependencia histórico-estructural a la dependencia histórico-estructural a la colonialidad/descolonialidad del poder. Colección Antologías. Buenos Aires: CLACSO, 2014.
[52] Gonzalez, Lélia. **Racismo e sexismo na cultura brasileira**. *Revista Ciências Sociais Hoje*, Anpocs, 1984, p. 223-244.
[53] Aristóteles, 2021:187.
[54] Ibidem, 165.
[55] Aristóteles, 2021:109.
[56] Ibidem: 133.
[57] Ibidem: 157.
[58] Grimal, 199.
[59] Skinner, 1996.
[60] Locke, 1978:87.
[61] Tótora, 1998:47.
[62] Bobbio, 1994.
[63] Downs, 1999, p. 174.
[64] Ruiz Rodríguez (2007); Mair (2007); Melo e Nunes (2009); Roma (2003).
[65] Tarouco e Madeira, 2012:1.
[66] Roma, 2003:34.
[67] Ruiz Rodríguez (2007); Mair (2007); Melo e Nunes (2009); Tarouco e Madeira (2012); Selios e Vairo (2012); Haupt (2010); Volkens (2004); Roma (2003).
[68] Downs, 1999:137.
[69] Mair, 2007:213.
[70] As bases de dados da PLB podem ser encontradas aqui: https://dataverse.harvard.edu/dataset.xhtml?persistentId=hdl:1902.1/14970. Acesso em: 1º ago. 2021 e aqui: https://dataverse.harvard.edu/dataset.xhtml?persistentId=doi:10.7910/DVN/ARYBJI. Acesso em: 1º ago. 2021.
[71] Ao longo da análise, o partido adota três diferentes nomes: PCB, PPS e Cidadania.
[72] O documento programático apresentado pelo PMDB, intitulado *Uma ponte para o futuro*, talvez ajude a explicar esse movimento. O programa defende, entre outras coisas, a flexibilização das leis trabalhistas; a ampliação de concessões e a transferência de ativos para a iniciativa privada; o retorno ao regime anterior de concessão na área do petróleo; a redução das despesas públicas; o aumento do superávit primário; o fim

de todas as vinculações constitucionais; e a redução dos gastos com políticas públicas. O documento defende, enfim, um Estado menor e menos intervencionista, a redução de políticas públicas, a retirada de direitos sociais, a promoção dos interesses da iniciativa privada, o equilíbrio fiscal e o crescimento econômico (PMDB, 2015). O programa é um claro ponto de inflexão em relação às origens históricas do partido, uma crítica à Constituição que ajudou a elaborar e, ainda, representa um desejo de mudança em relação às políticas adotadas pelo governo de Dilma Rousseff do qual fazia parte. O ideário expresso no programa *Uma ponte para o futuro* representa, portanto, uma mudança drástica, que pode ter alterado a visão dos parlamentares sobre o PMDB e cujos efeitos talvez ainda precisem ser mais bem analisados pela comunidade acadêmica.

[73] Extrema esquerda: PSTU, PCO, PCB, PSOL; Esquerda: PCdoB, PT; Centro-esquerda: PDT, PSB; Centro: Rede, PPS, PV; Centro-direita: PTB, Avante, SDD, PMN, PMB, PHS; Direita: PMDB, PSDB, PSD, Podemos, PPL, PRTB, Pros, PRP, PRB, PR, PTC, PSL, DC, Novo, Progressistas, PSC; Extrema direita: Patriotas, DEM.

[74] O PPS, quando se torna Cidadania, retira a defesa do socialismo e do marxismo de seu programa e passa a expressar posicionamento favorável ao mercado, a partir de então tido pelo partido como ente competente para gerar riqueza. Programa do Cidadania 23. Disponível em: https://cidadania23.org.br/programa/. Acesso em: 1º ago. 2021.

[75] Porcentagem de deputados que votaram a favor da MP 1.031 por partido: Patriota (100%); PSL (96%); Republicanos (94%); PTB (90%); Solidariedade (86%); DEM (86%); Cidadania (86%); PL (83%); PSC (82%); PP (78%); PSDB (76%); PSD (66%); Pros (64%); Avante (63%); Pode (60%); PSB (17%); PDT (16%); Rede (0); PV (0); PT (0); PSOL (0); PCdoB (0); Novo (0). Os oito parlamentares do Novo votaram contra não por serem contrários à privatização, mas por entenderem que o processo de capitalização proposto pelo governo era insuficientemente liberal (26).

[76] 2012 (E-9) PT, PDT, PSB, PCdoB, PMN, PSOL, PPL, PV, Cidadania/PPS; (C-2) MDB, PSDB;(D-15) DEM, PSD, PP, PR/PL PTB, PRB/Republicanos, PSC, PTN, PHS, PRP, PSL, PTdoB/Avante, PRTB, PSDC, PTC 26.

[77] 2016 (E-8) PDT, PSB, PT, PSOL, PV, PCdoB, PMN, PPL; (C-4) Rede, PSDB, PMDB, Cidadania/PPS; (D-19) DEM, PSD, PP, PR/PL, PTB, PRB/Republicanos, PSC, Podemos/PTN, PHS, PRP, PEN/Patriota, PSL, PTdoB/Avante, Solidariedade, Pros, PRTB, PMB, DC/PSDC, PTC (31).

[78] 2020 (E-7) PDT, PSB, PT, PSOL, PV, PCdoB, PMN; (C-4) PSDB, MDB, Rede, Cidadania/PPS; (D-18) DEM, PSD, PP, PR/PL, PTB, PRB/Republicanos, PSC, Podemos/PTN/PHS, Patriota/PRP, PSL, PTdoB/Avante, Solidariedade, Pros, Novo, PRTB, PMB, DC/PSDC, PTC (29).

[79] As três legendas que se mantêm sem vitórias nas disputas para prefeituras nos três pleitos em análise podem ser classificadas como antissistema (Sartori, 1982), isto é, como organizações fortemente ideológicas que participam das eleições para enfraquecer a legitimidade do regime. Em outras palavras, são agremiações que utilizam os instrumentos do sistema político com o objetivo primeiro de se opor a ele, não de ganhar eleições.

[80] De 1995 até 2017, o Podemos usava o nome Partido Trabalhista Nacional (PTN) em homenagem à agremiação de direita que levara Jânio Quadros à presidência. Em 2019, o PHS é incorporado pelo Podemos.

[81] Aristóteles, 1973, p. 347.
[82] Nogueira, 2008, p. 96.
[83] Charaudeau, 2006, p. 21.
[84] Bobbio; Matteucci; Pasquino, 1995, p. 981 e 982.
[85] Weffort, 1968, p.133-34 *apud* Ianni, 1989, p. 32.
[86] Mounk, 2019, p. 183.
[87] Cf. em VIZEU, Rodrigo. Os presidentes. A história dos que mandaram no Brasil, de Deodoro a Bolsonaro. Rio de Janeiro: HarperCollins, 2019.
[88] Segundo Ghiraldelli (2019, p. 145): "Na Igreja católica os padres e diáconos são tomados como baixo clero. São os que não possuem poder de decisão da hierarquia da Igreja. Em geral, sempre foram os filhos dos mais pobres. Nos anos 1980, essa expressão, "baixo clero", começou a circular nos meios políticos. Dizem que veio pela boca de Ulisses Guimarães [...] Bolsonaro nunca saiu desse grupo. Sempre foi deputado do "baixo clero". Não conseguia aprovar projetos, não só por falta de articulações e capacidade intelectual, mas também porque os projetos, não raro, eram descabidos".
[89] Bolsonaro foi eleito pelo PSL, contudo, antes do término do primeiro ano de governo, rompeu com o partido e, com isso, tornou-se o primeiro presidente da República que, no exercício do mandato, não está filiado a uma agremiação. No momento, dedica-se à criação de um novo partido político, o Aliança pelo Brasil.
[90] Acerca dos mapas eleitorais das eleições presidenciais, pode-se consultar Almeida (2018).
[91] Moura; Corbellini, 2019, p. 71.
[92] Moura; Corbellini, 2019, p. 72.
[93] Olavo de Carvalho pode ser mais bem compreendido na leitura de suas obras e como teve habilidade retórica e força política capaz de contribuir para a formação de uma nova direita no Brasil. De Olavo de Carvalho, pode-se consultar Carvalho (2018a; 2018b). Rocha (2021) em *Guerra cultural e retórica do ódio* desvenda, em grande parte, o estilo de Olavo de Carvalho e o impacto na política brasileira, bem como Avelar (2021) em *Eles em nós*. Por fim, a filha de Olavo de Carvalho, Heloísa de Carvalho, publica, em coautoria com Henry Bugalho, *Meu pai, o guru do presidente*.
[94] Avelar, 2021, p. 28.
[95] Discurso disponível em: https://www.youtube.com/watch?v=nEayFGYwWkQ. Acesso em: 22 mar. 2022.
[96] Charaudeau, 2006, p. 21.
[97] Levitsky; Ziblatt, 2018, p. 15.
[98] Levitsky; Ziblatt, 2018, p. 17.
[99] Embora este texto objetive refletir sobre categorias vulgares de críticas ao marxismo, não deixa de reconhecer que, do ponto de vista acadêmico, há críticas respeitáveis: seja por determinadas escolas de pensamento, seja ainda por intelectuais. Tais críticas, contudo, jamais minimizam a relevância da obra de Marx, mesmo que expressem profundas discordâncias.
[100] Esta seção, aqui complementada e ajustada à crítica vulgar ao marxismo, foi originalmente publicada no site Carta Maior (www.cartamaior.com.br), em 15/4/2019, com o título "O que é ser de direita": https://www.cartamaior.com.br/?/Editoria/Politica/O-que-e-ser-de-direita/4/43887.
[101] Abendroth, 1980, p. 9.

[102] Morin, p. 32.
[103] Hobsbawm, 1995:463.
[104] Hobsbawm, 1995:465.
[105] Hobsbawm, 1995:475.
[106] Vacca, p. 39.
[107] Pons, 2014, p. 23.
[108] Gramsci, 1999-2002.
[109] Touraine & Royal, 2008, p. 54.
[110] Bobbio, 2001, p. 137-140.
[111] Numa entrevista ao jornal *O Globo,* em 23/3/2014, Delfim afirma: "Esta frase nunca passou pela minha boca. Disse que não se pode distribuir o que você ainda não produziu, a não ser que você tome emprestado". Disponível em: https://acervo.oglobo.globo.com/frases/esta-frase-nunca-passou-pela-minha-boca-disse-que-nao-se-pode-distribuir-que-voce-ainda-nao-produziu-nao-ser-que-voce-tome-emprestado-18598244#ixzz7NkRhWaYr.
[112] "A desigualdade e o egoísmo estimulam o desenvolvimento". Disponível em: https://www.mises.org.br/article/1301/a-desigualdade-e-o-egoismo-estimulam-o-desenvolvimento.
[113] Murtinho, 1980:151.
[114] Sales, 1965:45-46.
[115] Sales, 1902:5.
[116] Murtinho, 1897:38.
[117] Orciuoli, 1961:29.
[118] Gudin, 1970:28.
[119] Murtinho, 1897:55.
[120] Campos, 2018:92.
[121] Campos, 2018:172.
[122] Gudin, 1970:23-24.
[123] Gudin, 1965: 158.
[124] Campos, 2018:155.
[125] Murtinho, 1980:151.
[126] Orciuoli, 1961:31.
[127] Gudin, 1965:170.
[128] Orciuoli, 1961:129; Penna, 1988:148.
[129] Gudin, 1980.
[130] Gudin, 1965a: 141.
[131] Campos, 2018:86.
[132] Campos, 2018:148.
[133] Gudin & Simonsen, 2010:67.
[134] Guedes, 2019.
[135] In: Debes, 1978, II: 591-593.
[136] Barbosa, 1976:90.
[137] Campos, 1994:794.
[138] Forattini, 2021.
[139] Banfield, 1958.

[140] Haller e Shore, 2005.

[141] Bratsis, 2014.

[142] Schraeder, 2000: 395.

[143] U.S. Department of Commerce, 1995: 45.

[144] É estimado que o FCPA (*Foreign Corrupt Practices Act*) tenha custado em contratos às empresas estadunidenses mais de $11 bilhões.

[145] Postero, 2000.

[146] Para melhor compreensão das ações e conversas entre a TI e a força-tarefa, conferir o artigo "*A aliança da Lava Jato com a Transparência Internacional*" no site da *Agência Pública.*

[147] Sampson *apud* Haller e Shore, 2005.

[148] Com Bolsonaro, casos de corrupção são pouco investigados, gastos não são divulgados, o país é governado por orçamentos secretos, e gabinetes paralelos; a independência da PF foi tolhida; o PGR atua pela omissão; e a própria Lava Jato que impulsionou sua campanha foi finalizada, pois, de acordo com Bolsonaro, "não havia mais corrupção no país".

[149] Sampson, 2010.

[150] Jânio, por exemplo, não pode ser tachado como um político "da classe média" – narrativa comum. O homem do "tostão contra o milhão" possuía enorme apoio popular, sendo sua base principal as populações de renda mais baixa. Se a classe média o apoiou, isso faz parte de um discurso que encontrava ressonância nela e em outras classes. Mesmo outros políticos de imagem elitista, como Collor, que tinha o discurso anticorrupção como principal bandeira eleitoral, tiveram desempenho contrário ao discurso recorrente. Quatro dias antes das eleições, Collor perdia para Lula em eleitores de classe média e alta. Seu principal público era o de menor renda e escolaridade (Moises, 1990: 144).

[151] Adler *et al.* 2017.

[152] Grey, Schein e Ward 2014 e 2015.

[153] Cordero e Blais, 2017.

[154] Nesse caso, o leitor se beneficiará muito de leituras sociológicas, que focam a formação desses movimentos sociais e de suas demandas e formas de ação, de pesquisadoras como Angela Alonso, Rosana Pinheiro Machado, Yanilda Gonzales etc.

[155] Visvanathan e Sethi, 1998.

[156] Conjuntos de hábitos praticados por indivíduos, determinados pela consciência coletiva.

[157] Parry, 2000.

[158] Lazar *apud* Haller e Shore 2005:216.

[159] Mitchell, 2002.

[160] Grosso modo, são tópicos em que não há, virtualmente, discordância entre eleitores sobre suas qualidades/defeitos, o que faz com que o eleitorado diferencie cada candidato ou partido não pelas suas propostas, mas pela avaliação afetiva "negativa" ou "positiva" de suas características e símbolos.

[161] Clark, 2014.

[162] Mesmo se excluíssemos os casos extremos, ainda assim teríamos alta presença do tópico. Essas variações ocorrem, entre outros fatores, devido à multiplicidade de partidos com diferentes projetos ideológicos, alguns puramente fisiológicos, que simplesmente não tocaram no tema corrupção em seus documentos.

[163] Curini, 2018.

[164] Creio, dados mostram, que a vertente corrupção e terrorismo será uma das mais influentes nos próximos anos, por motivos legítimos e ilegítimos, devido à sua inevitável instrumentalização, sendo ela uma das principais causas de desestabilização política, devido ao modo que foi posta em prática no Brasil.

[165] Cf. Jaguaribe, 1954.

[166] Isso não significa que se tratou de simples adoção das normas externas. Tanto em FHC quanto nos governos futuros houve tentativa de se influenciar essas normas e mesmo resistência em sua aplicação interna por motivos variados.

[167] Rothstein, 2005.

Referências bibliográficas

Rafael de Paula Aguiar

HABERMAS, J. Teoria do agir comunicativo – racionalidade da ação e racionalização social, v. 1 e 2. São Paulo: Martins Fontes, 2012.
HABERMAS, J. Técnica e ciência como "ideologia". In: Textos escolhidos. Walter Benjamin, Max Horkheimer, Theodor W. Adorno, Jürgen Habermas. São Paulo: Abril Cultural, 1983. p. 313-343.
JONAS, H. O princípio responsabilidade: ensaio de uma ética para a civilização tecnológica. Rio de Janeiro: Contraponto; Ed. PUC-Rio, 2006.
LAZZARATO, M. Signos, máquinas, subjetividades. São Paulo: Edições Sesc, N-1 edições, 2014.
LEBRUN, G. Sobre a tecnofobia. In: NOVAES, A. (Org.). A crise da razão. São Paulo: Companhia das Letras; Brasília: Ministério da Cultura; Rio de Janeiro: Funarte, 1996.
WEBER, M. Economia e sociedade: fundamentos da sociologia compreensiva. Brasília: Editora da Universidade de Brasília, 1991.

Fabrício Amorim

ADORNO, Theodor. Aspectos do novo radicalismo de direita. São Paulo: Unesp, 2020. 103 p.
ARENDT, Hannah. Verdade e política. New York: The New Yorker, 1967. 30 p.
ARMSTRONG, Karen. Em nome de Deus: o fundamentalismo no judaísmo, no cristianismo e no islamismo. 2. ed. São Paulo: Companhia das Letras, 2001. 490 p.
BOURDIEU, Pierre. Sociologia geral: v. 2: habitus e campo. Curso no Collège de France (1982-1983). Petrópolis: Vozes, 2021. 460 p.
BUCCI, Eugênio. Existe democracia sem verdade factual?: cultura política, imprensa e bibliotecas públicas em tempos de fake news. Barueri: Estação das Letras e Cores, 2019. p.135.
CHICARINO, Tathiana Senne; FERRAZ, Cláudia; RAICES, Carlos; AMORIM, Fabricio. Eleições municipais de 2020: análise sobre a recepção das fake news e a dieta informacional do eleitorado paulistano. Compolítica 9ª edição: democracia e opinião pública em tempos de fake news. Online - Brasil, 2021. p.1-17.
DELMAZO, Caroline; VALENTE, C. L. Jonas. Fake news nas redes sociais on-line: propagação e reações a desinformação em busca de cliques. Brasília: Universidade de Brasília, 2018. 172 p.

DOURADO, T.; ALMEIDA, S.; PIAIA, V.; CARVALHO, D. Redes digitais de conspiração Eleitoral no Brasil: um estudo do fluxo interplataforma de atores e discursos sobre fraude nas urnas eletrônicas e manipulação eleitoral, 9º Congresso Compolítica: Democracia e Opinião Pública em Tempos de Fake News, 2020. Disponível em: https://drive.google.com/file/d/1L8dfJQaxB2v-5cXmySyOB0n8glLOFT3B/view.

GOMES, Wilson da Silva; DOURADO, Tatiana. Fake news, um fenômeno de comunicação política entre jornalismo, política e democracia. Estudos em Jornalismo e Mídia, Santa Catarina, v. 16, n. 2, 2019. Disponível em: https://periodicos.ufsc.br/index.php/jornalismo/article/view/1984-6924.2019v16n2p33.

HUNTER, James Davison. Culture wars: the struggle to define America. Making sense of the battles over the family, art, education, law and politics. United States of America. New York: Basic Books, 1991. 401 p.

LEVITSKY, Steven; ZIBLATT, Daniel. Como as democracias morrem. Rio de Janeiro: Zahar, 2018. 272 p.

MARTINO, Luís Mauro Sá. Teoria das mídias digitais: linguagens, ambientes e redes. 2. ed. Petrópolis: Vozes, 2015. 294 p.

MIGUEL, Luís Felipe *et al.* (Org.). O ódio como política: a reinvenção das direitas no Brasil. São Paulo: Boitempo, 2018. 117 p.

MOROZOV, Evgeny. Big tech: a ascensão dos dados e a morte da política. São Paulo: Ed. UBU, 2018. 192 p.

MOUFFE, Chantal. Sobre o político. São Paulo: WMF Martins Fontes, 2015. 142 p.

NOBRE, Marcos. Ponto final: a guerra de Bolsonaro contra a democracia. São Paulo: Todavia, 2020. 78 p.

RECUERO, R. #Fraude nas urnas: estratégias discursivas de desinformação no Twitter nas eleições 2018. *Revista Brasileira de Linguística Aplicada*, v. 20, n. 3, p. 383-406, 2020. DOI: https://doi.org/10.1590/1984-6398202014635. Acesso em: 15 ago. 2021.

SEGURADO, Rosemary; CONCEIÇÃO, Desirée Luise Lopes; MARCHENA, Katia. Eleições municipais de 2020: análise sobre a recepção das fake news e a dieta informacional do eleitorado paulistano. Compolítica 9ª edição: democracia e opinião pública em tempos de fake news. Online - Brasil, 2021. p.1-17.

SEGURADO, Rosemary *et al.* Fake news e desinformação nas eleições de 2020. Porto Alegre: Editora Fi, 2022. 204 p.

TANDOC JR., Edson; LIM, Zheng Wei & LING, Richard (2018). Defining "Fake News", Digital Journalism, 6:2, 137-153. Disponível em: https://doi.org/10.1080/21670811.2017.1360143.

VASCONCELOS, Pedro Lima. Fundamentalismos: matrizes, presenças e inquietações. 1. ed. São Paulo: Paulina, 2008. 127 p.

WARDLE, C.; DERAKHSHAN. H. Information Disorder: Toward na interdisciplinary framework for research and policy making, 2017. Disponível em: http://tverezo.info/wp-content/uploads/2017/11/PREMS-162317-GBR-2018-Report-desinformation-A4-B. Acesso em: 27 ago. 2021.

Wagner Iglecias

GONZALEZ, Lélia. Racismo e sexismo na cultura brasileira. *Revista Ciências Sociais Hoje*, Anpocs, 1984. p. 223-244.

PROGRAMA DE LAS NACIONES UNIDAS PARA EL DESARROLLO. Informe sobre Desarrollo Humano 2020. Organización de las Naciones Unidas: Nueva York, 2020. Disponível em: https://hdr.undp.org/sites/default/files/hdr2020_es.pdf. Acesso em: fev. 2022.

QUIJANO, Aníbal. Colonialidad del poder, eurocentrismo y América Latina. En: Quijano, A. Cuestiones y horizontes: de la dependencia histórico-estructural a la colonialidad/ descolonialidad del poder. Colección Antologías. Buenos Aires: CLACSO, 2014.

THE ECONOMIST. The world's most dangerous cities. Mar 31st, 2017. Disponível em: https://www.economist.com/graphic-detail/2017/03/31/the-worlds-most-dangerous-cities. Acesso em: fev. 2022.

THE WORLD BANK. Latin America & Caribbean. Disponível em: https://data.worldbank.org/region/latin-america-and-caribbean. Acesso em: fev. 2022.

UNITED NATIONS. World´s cities in the 2018. Disponível em: https://www.un.org/en/events/citiesday/assets/pdf/the_worlds_cities_in_2018_data_booklet.pdf. Acesso em: fev. 2022.

Vera Chaia e Miguel Chaia

APPLEBAUM, A. O crepúsculo da democracia: como o autoritarismo seduz e as amizades são desfeitas em nome da política. São Paulo: Record, 2021.

ARISTÓTELES. Política (tradução: Maria Aparecida de Oliveira Silva). São Paulo: EDIPRO – Edições Profissionais Ltda., 2021.

BOBBIO, N. *et al.* Dicionário de Política. Brasília: Editora Universidade de Brasília, 1986.

BOBBIO, N. O futuro da democracia: uma defesa das regras do jogo. São Paulo: Paz e Terra, 2020.

CASTELLS, M. Ruptura: a crise da democracia liberal. Rio de Janeiro: Zahar, 2018.

DAHL, R. A democracia e seus críticos. São Paulo: Martins Fontes, 2012.

DAHL, R. La poliarquia: participación y oposición. Barcelona: Guadiana de Publicaciones, 1974.

DAHL, R. Um prefácio à teoria democrática. Rio de Janeiro: Zahar, 1989.

GRIMAL, P. Os erros da liberdade. Campinas: Papirus, 1990.

HOBBES, T. Leviatã. *Os Pensadores*. São Paulo: Abril Cultural, 1974.

LA BOÉTIE, E. O discurso da servidão voluntária. São Paulo: Brasiliense, 1982.

LEVITSKY, S.; ZIBRATT, D. Como as democracias morrem. Rio de Janeiro: Zahar, 2018.

LOCKE, J. Segundo tratado sobre o governo. *Os Pensadores*. São Paulo: Abril Cultural, 1978.

MAQUIAVEL, N. O Príncipe. Rio de Janeiro: Ediouro Publicações S.A., 2000.

MANIN, B. As metamorfoses do regime representativo. In: *Revista Brasileira de Ciências Sociais*, Anpocs. São Paulo, 1995.
MONTESQUIEU. O espírito das leis. São Paulo: Abril S/A, 1973.
MOUNK, Y. O povo contra a democracia: por que nossa liberdade corre perigo e como salvá-la. São Paulo: Companhia das Letras, 2018.
RUNCIMAN, D. Como a democracia chega ao fim. São Paulo: Todavia, 2018.
SANTOS, B.V. A difícil democracia: reinventar as esquerdas. São Paulo: Boitempo Editorial, 2016.
SCHUMPETER, J. A. Capitalismo, socialismo e democracia. Rio de Janeiro: Zahar, 1984.
SKINNER, Q. As fundações do pensamento político moderno. São Paulo: Companhia das Letras, 1996.
TOCQUEVILLE, Alexis de. A democracia na América. São Paulo: Martins Fontes, 2005.
TÓTORA, S.M.C. A questão democrática: perspectivas teóricas e análise do pensamento político brasileiro na década de 1980. Tese de Doutorado, Programa de Estudos de Pós-Graduação em Ciências Sociais, PUC-SP, 1998.

José Paulo Martins Jr.

BOBBIO, Norberto. Direita e esquerda: razões e significados de uma distinção política. São Paulo: Editora Unesp, 1995.
DOWNS, Anthony. Uma teoria econômica da democracia. São Paulo: Edusp, 1999.
ESEB 2002 / 2006 / 2010 / 2014 / 2018. Estudo Eleitoral Brasileiro. Disponível em: http://www.cesop.unicamp.br. Acesso em: 10 fev. 2022.
MACIEL, A. P. B., ALARCON, A. O. & GIMENES, E. R. Partidos políticos e espectro ideológico: parlamentares, especialistas, esquerda e direita no Brasil. *Revista Eletrônica de Ciência Política*, v. 8, n. 3, 2017.
SINGER, André. Esquerda e direita no eleitorado brasileiro. São Paulo: Edusp, 2000.
WIESEHOMEIER, N.; BENOIT, K. Parties and presidents in Latin America: data from expert surveys in 18 Latin American countries, 2006-2007. [Data set]. University of Konstanz e Trinity College Dublin, 2007: www.wiesehomeier.net.
ZUCCO, Cesar; POWER, Timothy J., 2019 Brazilian Legislative Surveys (Waves 1-8, 1990-2017): https://doi.org/10.7910/DVN/ARYBJI, Harvard Dataverse, V2, UNF:6:OZ4b3ybYKksC255DkruPxg== [fileUNF].

Helcimara Telles e Carlos Freitas

BOBBIO, N. Direita e esquerda: razões e significados de uma distinção política. São Paulo: Editora Unesp, 1995.
BOLOGNESI, B.; RIBEIRO, E.; CODATO, A. Esquerda, centro ou direita? Como classificar os partidos no Brasil. *Observatório das Eleições,* 2020. Disponível em: https://observatoriodaseleicoes.com.br/author/brunoednaldoadriano/. Acesso em: 6 dez. 2021.

BOLOGNESI, B.; RIBEIRO, E.; CODATO, A. Uma nova classificação ideológica dos partidos políticos brasileiros. *Preprints*, 2021. Disponível em: preprints.scielo.org/index.php/scielo/preprint/view/2552/4439. Acesso em: 6 dez. 2021.

CARREIRÃO, Y. S. Ideologia e partidos políticos: um estudo sobre coligações em Santa Catarina. *Opinião Pública*, Campinas, v. 12, n. 1, p. 136-163, abr./maio 2006.

CARREIRÃO, Y. S. O sistema partidário brasileiro: um debate com a literatura recente. *Revista Brasileira de Ciência Política*, Brasília, n. 14, p. 255-295, maio/ago. 2014.

CARREIRÃO, Y. S.; NASCIMENTO, F. As coligações nas eleições para os cargos de governador, senador, deputado federal e deputado estadual no Brasil (1986/2006). *Revista Brasileira de Ciência Política*, Brasília, n. 4, p. 75-104, jul./dez. 2010.

DOWNS, A. Uma teoria econômica da democracia. São Paulo: Edusp, 1999 [1957].

FERNANDES, L. Muito barulho por nada? *Dados – Revista de Ciências Sociais*, Rio de Janeiro, v. 38, n. 1, p. 107-143, 1995.

FIGUEIREDO, A.; LIMONGI, F. Executivo e Legislativo na nova ordem constitucional. Rio de Janeiro: Editora FGV, 1999.

FIGUEIREDO, A.; LIMONGI, F.; VALENTE, A. L. Governabilidade e concentração de poder institucional. O governo FHC. *Tempo Social: Revista de Sociologia da USP*, v. 11, p. 49-62, 1999.

FREITAS, C. Graus de coesão partidária no Brasil: os níveis de convergência programática das elites parlamentares subnacionais. Dissertação (mestrado em ciência política) – Faculdade de Filosofia e Ciências Humanas, Universidade Federal de Minas Gerais, Belo Horizonte, 2015.

FUCHS, D.; KLINGEMANN, H. D. The left-right schema. In: JENNINGS, M. K. *et al.* Continuities in political action: a longitudinal study of political orientations in three western democracies. Berlim, 1990. p. 203-235.

GUNTHER, R.; DIAMOND, L. Species of political parties: a new typology. *Party Politics*, Londres, v. 9, n. 2, p. 167-199, 2003.

HAUPT, A. B. Parties responses to economic globalization. What is left for the left and right for the right? *Party Politics*, Londres, v. 16, n. 1, p. 5-27, 2010.

KINZO, M. D. O quadro partidário e a Constituinte. In: LAMOUNIER, B. (Org.). De Geisel a Collor: o balanço da transição. São Paulo: Sumaré, 1990. p. 105-134.

KRAUSE, S.; DANTAS, H.; MIGUEL, L. F. Coligações partidárias na nova democracia: perfis e tendências. Rio de Janeiro; São Paulo: Fundação Konrad Adenauer; Unesp, 2010.

KRAUSE, S.; GODOI, P. P. A. Estratégias coligacionistas dos partidos de esquerda no Brasil: uma análise das eleições para governadores (1986-2010). *Civitas – Revista de Ciências Sociais*, v. 12, n. 2, p. 262-297, 2012.

MAIR, P. Left-rightorientations. In: DALTON, J.; KLINGEMANN, H. The Oxford handbook of political behavior· Oxford: Oxford University Press, 2007. p. 206-222.

MELO, C. R.; ANASTASIA, F.; NUNES, F. Ideologia e distância de preferências: uma comparação dos governos Lagos e Lula. In: INÁCIO, M.; RENNÓ, L. *Legislativo brasileiro em perspectiva comparada.* Belo Horizonte: Editora UFMG, 2009. v. 1, p. 381-407.

MELO, C. R.; CÂMARA, R. Estrutura da competição pela presidência e consolidação do sistema partidário no Brasil. *Dados – Revista de Ciências Sociais,* Rio de Janeiro, v. 55, n. 1, p. 71-117, 2012.

RODRIGUES, L. M. Partidos, ideologia e composição social. São Paulo: Edusp, 2002.
ROMA, C. Partidos políticos, ideologia e coesão: a lógica da votação nominal na Câmara dos Deputados. In: *Reunião Anual da ANPOCS*, XXVII, 2003, Caxambu (MG).
RUIZ RODRÍGUEZ, L. M. La coherencia partidista en América Latina: parlamentarios y partidos. Madri: Centro de Estudios Políticos y Constitucionales, 2007.
SARTORI, G. Partidos e sistemas partidários. Rio de Janeiro: Zahar; Brasília: Ed. UnB, 1982.
SCHEEFFER, F. Ideologia e comportamento parlamentar na Câmara dos Deputados: faz sentido ainda falar em esquerda e direita? Tese (doutorado em sociologia política) – Centro de Filosofia e Ciências Humanas, Universidade Federal de Santa Catarina, Florianópolis, 2016.
SELIOS, L.; VAIRO, D. Elecciones 2009 en Uruguay: permanencia de lealtades políticas y accountability electoral. *Opinião Pública*, Campinas, v. 18, n. 1, p. 198, jun. 2012.
TAROUCO, G.; MADEIRA, R. Esquerda e direita no sistema partidário brasileiro: análise de conteúdo de documentos programáticos. *Revista Debates,* Porto Alegre, v. 7, n. 2, p. 93-114, maio/ago. 2013.
TAROUCO, G.; MADEIRA, R. Os partidos brasileiros segundo seus estudiosos: análise de um expert survey. In: *Encontro de Ciências Sociais do Norte e Nordeste* – PRÉ-ALAS BRASIL, XV, 2012, Teresina.
TAROUCO, G.; MADEIRA, R. Os partidos brasileiros segundo seus estudiosos: análise de um expert survey. *Civitas*, Porto Alegre, v. 15, n. 1, p. 24-39, jan./mar. 2015. Telles, 2007.
VOLKENS, A. Policy changes of European social democrats, 1945-1998. In: BONOLI, G.; POWELL, M. Social democratic party. Londres: Routledge, 2004.
ZUCCO JR., C. Esquerda, direita e governo: a ideologia dos partidos políticos brasileiros. In: POWER, T. J.; ZUCCO JR., C. O congresso por ele mesmo: autopercepções da classe política brasileira. Belo Horizonte: Editora UFMG, 2011.
ZUCCO JR., C.; POWER, T. J. Fragmentation without cleavages? Endogenous fractionalization in the Brazilian party system. Comparative Politics, v. 53, n. 3, p. 477-500, abr. 2021.

André Pereira César

BOBBIO, Norberto; MATTEUCCI, Nicola; PASQUINO, Gianfranco. Dicionário de política. Editora UnB, 1995.
BOTTOMORE, Tom. Dicionário do pensamento marxista. Zahar, 1988.
CASTELLS, Manuel. Ruptura: a crise da democracia liberal. Zahar, 2018.
JUDT, Tony. Pós-guerra: uma história da Europa desde 1945. Objetiva, 2007.
JUDT, Tony; SNYDER, Timothy. Pensando o século XX. Objetiva, 2014.
KEYNES, John Maynard. A teoria geral do emprego, do juro e da moeda. Nova Cultural, 1985.
MARSHALL, T. H.; BOTTOMORE, Tom. Cidadania e classe social. Editora Unesp, 2021.
PRZEWORSKI, Adam. Capitalismo e social-democracia. Companhia das Letras, 1989.
SCHUMPETER, Joseph. Capitalismo, socialismo e democracia. Zahar, 1984.

Rodrigo Augusto Prando

ABRANCHES, S. Presidencialismo de coalizão. Raízes e evolução do modelo político brasileiro. São Paulo: Companhia das Letras, 2018.
ABRANCHES, S. et al. Democracia em risco? 22 ensaios sobre o Brasil hoje. São Paulo: Companhia das Letras, 2019.
ALMEIDA, A. C. O voto do brasileiro. Rio de Janeiro: Record, 2018.
ARISTÓTELES. Política. Tradução de Mário de Gama Kury. Brasília: Editora da Universidade de Brasília, 1985.
ARISTÓTELES. Ética a Nicômaco. Tradução de Leonel Vallandro e Gerd Bornheim. In: *Os Pensadores* IV. São Paulo: Abril Cultural, 1973.
AVELAR, I. Eles em nós. Retórica e antagonismo político no Brasil do século XXI. Rio de Janeiro: Record, 2021.
AVRITZER, L. Política e antipolítica: a crise do governo Bolsonaro. São Paulo: Todavia, 2020.
AVRITZER, L.; KERCHE, F.; MARONA, M. (Org.). Governo Bolsonaro: retrocesso democrático e degradação política. Belo Horizonte: Autêntica, 2021.
BARRETO JÚNIOR, W. Bolsonaro e seus seguidores: 1.560 frases. São Paulo: Geração Editorial, 2021.
BOBBIO, N. (Organizado por Michelangelo Bovero). Teoria geral da política: a filosofia política e as lições dos clássicos. Rio de Janeiro: Elsevier, 2000.
BOBBIO, N.; MATTEUCCI, N.; PASQUINO, G. Dicionário da Política, v. 2. Brasília: Editora da UnB, 1995.
BRUM, E. Brasil, construtor de ruínas: um olhar sobre o país, de Lula a Bolsonaro. Porto Alegre: Arquipélago Editorial, 2018.
BUTLER, J. Discurso de ódio: uma política do performativo. São Paulo: Editora Unesp, 2021.
CARDOSO, F. H. A arte da política: a história que vivi. Rio de Janeiro: Civilização Brasileira, 2006.
CARDOSO, F. H. Condições sociais da industrialização: o caso de São Paulo. In: CARDOSO, F. H. *Mudanças sociais na América Latina*. São Paulo: Difusão Europeia do Livro, 1969.
CARDOSO, F. H. Empresário industrial e desenvolvimento econômico no Brasil. São Paulo: Difusão Europeia do Livro, 1964.
CARVALHO, H. de; BUGALHO, H. Meu pai, o guru do presidente: a face ainda oculta de Olavo de Carvalho. Curitiba: Kotter Editorial; Editora 247, 2020.
CARVALHO, L. M. O cadete e o capitão: a vida de Jair Bolsonaro no quartel. São Paulo: Todavia, 2019.
CARVALHO, O. O imbecil coletivo: atualidades inculturais brasileiras. Rio de Janeiro: Record, 2018a.
CARVALHO, O. O mínimo que você precisa saber para não ser um idiota. Rio de Janeiro: Record, 2018b.
CHARAUDEAU, P. A conquista da opinião pública: como o discurso manipula as escolhas políticas. São Paulo: Editora Contexto, 2016.
CHARAUDEAU, P. Discurso político. São Paulo: Contexto, 2006.

CUNHA, M. V. da. A tirania dos especialistas: desde a revolta das elites do PT até a revolta do subsolo de Olavo de Carvalho. Rio de Janeiro: Civilização Brasileira, 2019.
DAMATTA, R. Carnavais, malandros e heróis: para uma sociologia do dilema brasileiro. Rio de Janeiro: Rocco, 1997.
D'ANCONA, M. Pós-verdade: a nova guerra contra os fatos em tempos de fake news. Barueri: Faro Editorial, 2018.
EATWELL, R.; GOODWIN, M. Nacional-populismo: a revolta contra a democracia liberal. Rio de Janeiro: Record, 2021.
EMPOLI, G. Da. Os engenheiros do caos. São Paulo: Vestígio, 2019.
FAORO, R. Os donos do poder: formação do patronato político brasileiro. São Paulo: Globo, 2001.
FERNANDES, F. A revolução burguesa no Brasil: ensaio de interpretação sociológica. São Paulo: Globo, 2006.
FRATINI, J. (Org.). Campanhas políticas nas redes sociais: como fazer comunicação digital com eficiência. São Paulo: Matrix, 2020.
GHIRALDELLI, P. A filosofia explica Bolsonaro. São Paulo: LeYa, 2019.
IANNI, O. A formação do Estado populista na América Latina. São Paulo: Ática, 1989.
LEVITSKY, S.; ZIBLATT, D. Como as democracias morrem. Rio de Janeiro: Zahar, 2018.
MARTINS, J. de S. A política do Brasil: lúmpen e místico. São Paulo: Contexto, 2011.
MARTINS, J. de S. Prefácio à quinta edição. In: FERNANDES, F. *A revolução burguesa no Brasil: ensaio de interpretação sociológica*. São Paulo: Globo, 2006.
MARTINS, J. de S. Florestan: sociologia e consciência social no Brasil. São Paulo: Edusp, 1998.
MOUNK, Y. O povo contra a democracia: por que nossa liberdade corre perigo e como salvá-la. São Paulo: Companhia das Letras, 2019.
MOURA, M.; CORBELLINI, J. A eleição disruptiva: por que Bolsonaro venceu. Rio de Janeiro: Record, 2019.
NOBRE, M. Ponto-final: a guerra de Bolsonaro contra a democracia. São Paulo: Todavia, 2020.
NOGUEIRA, M. A. As ruas e a democracia: ensaios sobre o Brasil contemporâneo. Brasília/Rio de Janeiro: Fundação Astrojildo Pereira/Contratempo, 2013.
NOGUEIRA, M. A. Em defesa da política. São Paulo: Editora Senac, 2001.
NOGUEIRA, M. A. Potências, limites e seduções do poder. São Paulo: Editora Unesp, 2008.
OYAMA, T. Tormenta - o governo Bolsonaro: crises, intrigas e segredos. São Paulo: Companhia das Letras, 2020.
PINHEIRO-MACHADO, R.; FREIXO, A. de (Orgs.). Brasil em transe: bolsonarismo, nova direita e desdemocratização. Rio de Janeiro: Oficina Raquel, 2019.
PRADO, M. Tempestade ideológica - Bolsonarismo: a alt-right e o populismo iliberal no Brasil. São Paulo: Lux, 2021.
PRANDO, R. A. Análise: Capital político e popularidade de Moro geram desconforto em Bolsonaro. In: Jornal *O Estado de S. Paulo*. https://politica.estadao.com.br/noticias/geral,analise-capital-politico-e-popularidade-de-moro-geram-desconforto-em-bolsonaro,70003171336. Acesso em: 13 fev. 2020.

PRANDO, R. A. *O sentido do Bolsonarismo.* In: http://rodademocratica.com.br/2018/08/31/o-sentido-do-bolsonarismo/ . Acesso em: 9 out. 2019.

PRANDO, R. A.; TOLEDO, R. A. A comunicação do político-intelectual: os discursos de Fernando Henrique Cardoso. In: *Revista Tema,* n. 63, 2017. Disponível em: http://uniesp.edu.br/sites/_biblioteca/revista_tema/pdf/20180326155858.pdf . Acesso em: 9 out. 2019.

PRANDO, R. A. Política e Estilos de Liderança: FHC, Lula e Dilma. In: *Revista UNIESP* – UNIESP, 2016. São Paulo, Brasil. Disponível em: http://uniesp.edu.br/sites/_biblioteca/revistas/20170411111056.pdf. Acesso em: 9 out. 2019.

RAIS, D. (Coord.). Fake news: a conexão entre a desinformação e o direito. São Paulo: Thomson Reuters Brasil, 2020.

ROCHA, J. C. de C. Guerra cultural e retórica do ódio: crônicas de um Brasil pós-político. Goiânia: Editora e Livraria Caminhos, 2021a.

ROCHA, C. Menos Marx, mais Mises: o liberalismo e a nova direita no Brasil. São Paulo: Todavia, 2021b.

SCHWARCZ, L. M.; STARLING, H. M. Brasil: uma biografia. São Paulo: Companhia das Letras, 2015.

VIZEU, R. Os presidentes: a história dos que mandaram no Brasil, de Deodoro a Bolsonaro. Rio de Janeiro: HarperCollins Brasil, 2019.

WEBER, M. Economia e sociedade. Brasília/São Paulo: Editora da Universidade de Brasília/Imprensa Oficial do Estado de São Paulo, 1999, v.1 e v. 2.

Clayson Felizola

BOBBIO, Norberto. Direita e esquerda: razões e significados de uma distinção política.

BUTLER, Judith. Gender trouble: feminism and subversion of identity.

CARLYLE, Thomas. História da Revolução Francesa.

CHALOUB, Jorge; PERLATTO, Fernando. Intelectuais da 'Nova Direita' brasileira.

CORDEIRO, Janaína Martins. Direitas em movimento: a campanha da mulher pela democracia e a ditadura no Brasil.

DARDOT, Pierre; LAVAL, Christian. A nova razão do mundo: ensaio sobre a sociedade neoliberal.

DIAS, Adriana. Os anacronautas do teutonismo virtual: uma etnografia do neonazismo na Internet.

LACERDA, Marina Basso. O novo conservadorismo brasileiro: de Reagan a Bolsonaro.

MANNHEIM, Karl. Conservative thought.

MESSENBERG, Débora. A direita que saiu do armário: a cosmovisão dos formadores de opinião dos manifestantes de direta brasileiros.

ROCHA, Camila. Menos Marx, mais Mises: o liberalismo e a nova direita no Brasil.

SINGER, André. Esquerda e direita no eleitorado brasileiro: A identificação ideológica nas disputas presidenciais de 1989 e 1994.

Francisco Fonseca

AGAMBEN, Giorgio. Estado de exceção. São Paulo: Boitempo, 2004.
FONSECA, Francisco. O consenso forjado: a grande imprensa e a formação da agenda ultraliberal no Brasil. São Paulo: Hucitec, 2005.
MARX, Karl. O Capital. Várias edições.
MARX, Karl; ENGELS, Friedrich. Manifesto do partido comunista. São Paulo: Boitempo, 2005.
POPPER, Karl. A sociedade aberta e seus inimigos. Belo Horizonte: Itatiaia, 1974.

Marco Aurélio Nogueira

ABENDROTH, Wolfgang. La social democrazia in Germania. Roma: Editori Riuniti, 1980.
BOBBIO, Norberto. Direita e esquerda: razões e significados de uma distinção política. 2ª edição revista e ampliada. Tradução de Marco Aurélio Nogueira. São Paulo: Editora Unesp, 2001.
GRAMSCI, Antonio. Cadernos do cárcere. 6 volumes. Edição de Carlos Nelson Coutinho. Rio de Janeiro: Civilização Brasileira, 1999-2001.
HOBSBAWM, Eric. Era dos extremos: o breve século XX (1914-1991). Tradução de Marcos Santarrita. São Paulo: Companhia das Letras, 1995.
MARX, Karl & ENGELS, Friedrich. Manifesto do partido comunista. Tradução de Marco Aurélio Nogueira & Leandro Konder. Petrópolis: Vozes, 1988.
PONS, Silvio. A revolução global: história do comunismo internacional 1917-1991. Tradução de Luiz Sérgio Henriques. Brasília/ Rio de Janeiro: Fundação Astrojildo Pereira/Contraponto, 2014.
TOURAINE, Alain & ROYAL, Ségolène. Si la gauche veut des idées. Paris: Bernard Grasset, 2008.
VACCA, Giuseppe. Por um novo reformismo. Brasília/ Rio de Janeiro: Fundação Astrojildo Pereira/Contraponto, 2009.

Christian Edward Cyril Lynch

BARBOSA, Rui (1976) [1900]. A imprensa. Obras completas de Rui Barbosa, v. XXVII, 1900. Tomo VI. Rio de Janeiro, Fundação Casa de Rui Barbosa.
BARBOSA, Rui (1932). Comentários à Constituição Federal Brasileira. Coligidos e ordenados por Homero Pires, v. I. São Paulo: Saraiva.
BARBOSA, Rui (1947) [1883]. Reforma do ensino primário e várias instituições complementares da instrução pública. Obras completas de Rui Barbosa, v. X, 1883. Tomo I. Rio de Janeiro, Ministério da Educação e Saúde.
CAMPOS, Roberto (1969). Temas e sistemas. Rio de Janeiro: Apec.
CAMPOS, Roberto (1994). A lanterna na popa: memórias. Rio de Janeiro: Topbooks.
CAMPOS, Roberto (2018). A constituição contra o Brasil: ensaios de Roberto Campos sobre a Constituinte e a Constituição de 1988. Organização de Paulo Roberto de Almeida. São Paulo: LVM.

DEBES, Célio (1978). Campos Sales: perfil de um estadista, v. II. Rio de Janeiro: Livraria Francisco Alves. FERNANDES, Raul (1967). Nonagésimo aniversário: conferências e trabalhos esparsos, v. 1. Rio de Janeiro: Ministério das Relações Exteriores. GUDIN, Eugênio (1952). O caso das nações subdesenvolvidas. *Revista Brasileira de Economia*, setembro de 1952.

GUDIN, Eugênio (1965). Análise dos problemas brasileiros. Rio de Janeiro: Agir.

GUDIN, Eugênio (1969). Por um Brasil melhor. Rio de Janeiro: APEC.

GUDIN, Eugênio (1978a). Reflexões e comentários. Rio de Janeiro: Nova Fronteira.

GUDIN, Eugênio (1978). O pensamento de Eugênio Gudin. Rio de Janeiro: FGV.

GUDIN, Eugênio (1979b). As memórias de Gudin. *O Globo*, 14 out. 1979.

GUDIN, Eugênio (1980). O estadista McNamara deixa a presidência do Banco Mundial. *O Globo*, 3 nov. 1980.

GUDIN, Eugênio & SIMONSEN, Roberto (2010) [1946]. A controvérsia do planejamento na economia brasileira. Brasília: IPEA.

GUEDES, Paulo (2019). A síndrome de Judas Iscariotes (vulgo social-democracia). Depoimento. In: Luiz Cesar Faro e Coriolano Gatto (editores). *No calor das ideias: breviário do bem-pensar*, v. I. Rio de Janeiro: Insight Comunicação.

GUEIROS, J. A. (1996). O último tenente. 3. ed. Rio de Janeiro: Record.

LACERDA, Carlos (1965). Brasil entre a verdade e a mentira. Rio de Janeiro: Bloch Editores.

MAGALHÃES, Juracy (1966). Discurso de posse no Ministério das Relações Exteriores. In. https://www.funag.gov.br/chdd/index.php/ministros-de-estado-das-relacoes-exteriores/61-ministros-das-relacoes-exteriores/148-juracy-montenegro-magalhaes.

MURTINHO, Joaquim (1897). Relatório do Exmo. Sr. Ministro da Viação e Obras Públicas. Rio de Janeiro: Imprensa Nacional.

MURTINHO, Joaquim (1980). Ideias econômicas de Joaquim Murtinho. Organização de Nícia Villela Luz. Rio de Janeiro: Fundação Casa de Rui Barbosa.

ORCIUOLI, Henrique Alberto (1961). O Estado demagógico: retrato de uma época. Rio de Janeiro: Aurora.

PENNA, José Osvaldo de Meira (1988). O dinossauro: uma pesquisa sobre o Estado, o patrimonialismo selvagem e a nova classe de intelectuais e burocratas. São Paulo: A. T. Queiroz.

SALLES, João Alberto (1882). Política republicana. Rio de Janeiro: Tipografia Leuzinger.

SALLES, João Alberto (1885). Ensaio sobre o conceito moderno de direito. São Paulo: Tipografia da Província.

SALLES, João Alberto (1981) [1888]. A pátria paulista. Brasília: UnB.

SALLES, João Alberto (1891). Ciência Política. São Paulo: Teixeira & Irmão.

SALLES, João Alberto (1981) [1904]. Governo popular. In: Paim, Antonio (Org). *Plataforma política do positivismo ilustrado*. Brasília: UnB.

SALES, Manuel Ferraz de Campos (1894). Cartas da Europa. Rio de Janeiro: Leuzinger.

SALLES, Manuel Ferraz de Campos (1902a). Discursos, v. I: Na propaganda. Rio de Janeiro: Imprensa Nacional.

SALLES, Manuel Ferraz de Campos (1902b). Discursos, v. II: Na República. Rio de Janeiro: Imprensa Nacional.

SALLES, Manuel Ferraz de Campos (1983) [1907]. Da propaganda à presidência. Brasília: UnB.

Fernando Miramontes Forattini

ADLER, J. M. *et al.* Research methods for studying narrative identity: a primer. In. Social psychological and personality science, n. 8, v. 5, 2017, p. 519–527.

BANFIELD, Edward. The moral basis of a backward society. Chicago: Free Press, 1958.

BRATSIS, Peter. The construction of corruption, or rules of separation and illusions of purity in bourgeois societies. In: *Social text,* n. 4, v. 21, 2003, p. 9-33.

CLARK, M. Does public opinion respond to shifts in party valence? A Cross-National analysis of Western Europe, 1976–2002. West European Politics, n. 37, v. 1, 2014, p. 91-112.

CORDERO, G. & BLAIS, A. Is a corrupt government totally unacceptable? In. *West European Politics,* 2017.

CURINI, Luigi. Corruption, ideology, and populism. Palgrave Macmillan, 2018.

FORATTINI, Fernando. For a broader understanding of corruption as a cultural fact, and its influence in society. Academia Letters, 2021.

GOLLWITZER, M. Justice and revenge. In. M. E. Oswald, S. Bieneck, & J. Hupfeld Heinemann (Org.). Social psychology of punishment of crime. New York, 2009, p. 137-156.

GRAHAM, J., NOSEK, B. A., HAIDT, J., IYER, R., KOLEVA, S. & DITTO, P. H. Mapping the moral domain. *Journal of Personality and Social Psychology*, n. 101, 2011, p. 366-385.

GRAY, K., SCHEIN, C., & WARD, A. F. The myth of harmless wrongs in moral cognition: Automatic dyadic completion from sin to suffering. *Journal of Experimental Psychology*: General, n. 143, 2014, p. 1600-1615.

HALLER, Dieter; SHORE, Chris. Corruption: anthropological perspectives. Londres: Pluto Press, 2005.

HUNTINGTON, Samuel. Political order in changing societies. Yale University Press, 1965.

McMullan, M. A Theory of Corruption. In. *The Sociological Review*, n. 9, v. 2, 1961, p. 181-201.

JAGUARIBE, Helio. O moralismo e a alienação da classe média. In. *Cadernos de Nosso Tempo,* 1954.

MITCHELL, Jon. Ambivalent europeans: ritual, memory and the public sphere in Malta. London: Routledge, 2002.

MOISÉS, José Álvaro. Eleições, participação e cultura política: mudanças e continuidades. *Lua Nova: Revista de Cultura e Política,* n. 22, 1990, p. 133-187.

PARRY, J. The 'Crisis of Corruption' and 'The Idea of India': a Worm's Eye View. In. Italo Pardo (Org.). *The morals of legitimacy*. New York: Berghahn Books, 2000, p. 27-55.

ROTHSTEIN, Bo. The quality of government: corruption, social trust and inequality in international perspective. University of Chicago Press, 2011.

SAMPSON, Steven. The anti-corruption industry: from movement to institution. Global Crime, n. 11, v. 2, 2010, p. 261-278.

SCHRAEDER, P. Cold war to cold peace: explaining U.S. - French Competition in Francophone Africa. Political Science Quarterly, 115(3), 2000, p. 395-419.

MATRIX